生活中的菩提

淨行品講錄

釋繼程■著

〔新版序〕寫給台灣讀者

生生滅滅流不息
活著正顯其意義
中道修持若欲行
的確需在生活中
菩提非於他處求

净心正念为根本
行在平常日用中
品出人生真滋味

序生活中的菩提
净行品讲录

己丑闰五月初九自台返马
太平继程并题

〔原序〕菩薩道行者的基礎行持

一九八二年至一九八五年我在閉關期間，還繼續為馬來西亞佛學院講課，也常應邀為常住三慧講堂的週末念佛會開示，有時也為佛友開示佛法或作專題講座。

佛學院的課程及常住的開示，都是比較有系統或依經論講述的。大部分都作了錄音，但筆錄成文的，除了一些弘法及講座以外，講述經論的只有〈淨行品〉與《百法明門論》。（編按：《百法明門論講錄》已由法鼓文化於二〇〇九年四月出版）〈淨行品〉是在念佛會的開示，《百法明門論》則是佛學院的課程。

這兩份講錄，皆由繼賢法師整理、筆錄的。做好後交給我，已有相當久的一段時間，我也沒有認真過目，就一直收著。當時我已出關，也出版了幾本書，卻不知為何總沒想到出版這兩份已經完成的講錄。

前年才動了念頭，想出版這兩份講錄，於是交給學生整理、打字。〈淨行品〉在打好印成初稿交給我的一段時間內，我又放著未動。至今年才認認真真地把這份初稿校一次，並做了少許修改。想到多年已很少交書給佛教青年總會出版了，於是就將這本《淨行品講錄》交給佛教文摘出版社出版。

講述《華嚴經》裡的〈淨行品〉，是因為看到這一品的內容乃菩薩行道的發心，又與生活息息相關。從日常生活中的種種引發菩薩的行願，使發心欲修菩薩行者，在尚未能真正實踐菩薩道的廣大行時，也能發心與菩提願相應，以增長行者的信心與願力，做為菩薩道行者的基礎行持。

我在台灣學習時，曾以本品為早課的課誦本，因此頗為相應。但由於這是十多年前講述的，又需要比較通俗化，所以也沒有什麼特別的觀點與看法，只是淺淺地分析了本品的內容，或許可做為有心學菩薩道及對本品有信心者參考。

略述此講錄之出版因緣，是為序。

一九九九年・太平

目錄

〔原文〕

華嚴經・淨行品第十一

于闐國三藏實叉難陀奉　制譯

爾時，智首菩薩問文殊師利菩薩言：

「佛子！菩薩云何得無過失身、語、意業？云何得不害身、語、意業？云何得不可毀身、語、意業？云何得不可壞身、語、意業？云何得不退轉身、語、意業？云何得不可動身、語、意業？云何得殊勝身、語、意業？云何得清淨身、語、意業？云何得無染身、語、意業？云何得智為先導身、語、意業？

云何得生處具足、種族具足、家具足、色具足、相具足、念具足、慧具足、行具足、無畏具足、覺悟具足？

云何得勝慧、第一慧、最上慧、最勝慧、無量慧、無數慧、不思議慧、無與等慧、不可量慧、不可說慧？

云何得因力、欲力、方便力、緣力、所緣力、根力、觀察力、奢摩他力、毘鉢舍那力、思惟力？

云何得蘊善巧、界善巧、處善巧、緣起善巧、欲界善巧、色界善巧、無色界善巧、過去善巧、未來善巧、現在善巧？

云何善修習念覺分、擇法覺分、精進覺分、喜覺分、猗覺分、定覺分、捨覺分、空、無相、無願？

云何得圓滿檀波羅蜜、尸波羅蜜、羼提波羅蜜、毘梨耶波羅蜜、禪那波羅蜜、般若波羅蜜，及以圓滿慈、悲、喜、捨？

云何得處非處智力、過未現在業報智力、根勝劣智力、種種界智力、種種解智力、一切至處道智力、禪解脫三昧染淨智力、宿住念智力、無障礙天眼智力、斷諸習智力？

云何常得天王、龍王、夜叉王、乾闥婆王、阿修羅王、迦樓羅王、緊那羅王、摩睺羅伽王、人王、梵王之所守護，恭敬供養？

云何得與一切眾生為依、為救、為歸、為趣、為炬、為明、為照、為導、為勝導、為普導？

云何於一切眾生中為第一、為大、為勝、為最勝、為妙、為極妙、為上、為無上、為無等、為無等等？」

爾時，文殊師利菩薩告智首菩薩言：

「善哉！佛子！汝今為欲多所饒益、多所安隱，哀愍世間，利樂天人，問如是義。

佛子！若諸菩薩善用其心，則獲一切勝妙功德。於諸佛法，心無所礙；住去、來、今，諸佛之道；隨眾生住，恆不捨離；如諸法相，悉能通達；斷一切惡；具足眾善；當如普賢，色像第一；一切行願，皆得具足；於一切法，無不自在，而為眾生第二導師。

佛子！云何用心能獲一切勝妙功德？

佛子！

菩薩在家，當願眾生：知家性空，免其逼迫。

孝事父母，當願眾生：善事於佛，護養一切。

妻子集會，當願眾生：怨親平等，永離貪著。

若得五欲，當願眾生：拔除欲箭，究竟安隱。

伎樂聚會，當願眾生：以法自娛，了伎非實。

若在宮室，當願眾生：入於聖地，永除穢欲。

著瓔珞時，當願眾生：捨諸偽飾，到真實處。

上昇樓閣，當願眾生：昇正法樓，徹見一切。

若有所施，當願眾生：一切能捨，心無愛著。

眾會聚集，當願眾生：捨眾聚法，成一切智。

若在厄難，當願眾生：隨意自在，所行無礙。

捨居家時，當願眾生：出家無礙，心得解脫。
入僧伽藍，當願眾生：演說種種，無乖諍法。
詣大小師，當願眾生：巧事師長，習行善法。
求請出家，當願眾生：得不退法，心無障礙。
脫去俗服，當願眾生：勤修善根，捨諸罪軛。
剃除鬚髮，當願眾生：永離煩惱，究竟寂滅。
著袈裟衣，當願眾生：心無所染，具大仙道。
正出家時，當願眾生：同佛出家，救護一切。
自皈於佛，當願眾生：紹隆佛種，發無上意。
自皈於法，當願眾生：深入經藏，智慧如海。
自皈於僧，當願眾生：統理大眾，一切無礙。
受學戒時，當願眾生：善學於戒，不作眾惡。
受闍黎教，當願眾生：具足威儀，所行真實。
受和尚教，當願眾生：入無生智，到無依處。
受具足戒，當願眾生：具諸方便，得最勝法。
若入堂宇，當願眾生：昇無上堂，安住不動。

若敷床座，當願眾生：開敷善法，見真實相。
正身端坐，當願眾生：坐菩提座，心無所著。
結跏趺坐，當願眾生：善根堅固，得不動地。
修行於定，當願眾生：以定伏心，究竟無餘。
若修於觀，當願眾生：見如實理，永無乖諍。
捨跏趺坐，當願眾生：觀諸行法，悉歸散滅。
下足住時，當願眾生：心得解脫，安住不動。
若舉於足，當願眾生：出生死海，具眾善法。
著下裙時，當願眾生：服諸善根，具足慚愧。
整衣束帶，當願眾生：檢束善根，不令散失。
若著上衣，當願眾生：獲勝善根，至法彼岸。
著僧伽梨，當願眾生：入第一位，得不動法。
手執楊枝，當願眾生：皆得妙法，究竟清淨。
嚼楊枝時，當願眾生：其心調淨，噬諸煩惱。
大小便時，當願眾生：棄貪瞋癡，蠲除罪法。
事訖就水，當願眾生：出世法中，速疾而往。

洗滌形穢，當願眾生：清淨調柔，畢竟無垢。
以水盥掌，當願眾生：得清淨手，受持佛法。
以水洗面，當願眾生：得淨法門，永無垢染。
手執錫杖，當願眾生：設大施會，示如實道。
執持應器，當願眾生：成就法器，受天人供。
發趾向道，當願眾生：趣佛所行，入無依處。
若在於道，當願眾生：能行佛道，向無餘法。
涉路而去，當願眾生：履淨法界，心無障礙。
見昇高路，當願眾生：永出三界，心無怯弱。
見趣下路，當願眾生：其心謙下，長佛善根。
見斜曲路，當願眾生：捨不正道，永除惡見。
若見直路，當願眾生：其心正直，無諂無誑。
見路多塵，當願眾生：遠離塵坌，獲清淨法。
見路無塵，當願眾生：常行大悲，其心潤澤。
若見險道，當願眾生：住正法界，離諸罪難。
若見眾會，當願眾生：說甚深法，一切和合。

若見大柱，當願眾生：離我諍心，無有忿恨。
若見叢林，當願眾生：諸天及人，所應敬禮。
若見高山，當願眾生：善根超出，無能至頂。
見棘刺樹，當願眾生：疾得翦除，三毒之刺。
見樹葉茂，當願眾生：以定解脫，而為蔭映。
若見華開，當願眾生：神通等法，如華開敷。
若見樹華，當願眾生：眾相如華，具三十二。
若見果實，當願眾生：獲最勝法，證菩提道。
若見大河，當願眾生：得預法流，入佛智海。
若見陂澤，當願眾生：疾悟諸佛，一味之法。
若見池沼，當願眾生：語業滿足，巧能演說。
若見汲井，當願眾生：具足辯才，演一切法。
若見湧泉，當願眾生：方便增長，善根無盡。
若見橋道，當願眾生：廣度一切，猶如橋梁。
若見流水，當願眾生：得善意欲，洗除惑垢。
見修園圃，當願眾生：五欲圃中，耘除愛草。

見無憂林，當願眾生：永離貪愛，不生憂怖。
若見園苑，當願眾生：勤修諸行，趣佛菩提。
見嚴飾人，當願眾生：三十二相，以為嚴好。
見無嚴飾，當願眾生：捨諸飾好，具頭陀行。
見樂著人，當願眾生：以法自娛，歡樂不捨。
見無樂著，當願眾生：有為事中，心無所樂。
見歡樂人，當願眾生：常得安樂，樂供養佛。
見苦惱人，當願眾生：獲根本智，滅除眾苦。
見無病人，當願眾生：入真實慧，永無病惱。
見疾病人，當願眾生：知身空寂，離乖諍法。
見端正人，當願眾生：於佛菩薩，常生淨信。
見醜陋人，當願眾生：於不善事，不生樂著。
見報恩人，當願眾生：於佛菩薩，能知恩德。
見背恩人，當願眾生：於有惡人，不加其報。
若見沙門，當願眾生：調柔寂靜，畢竟第一。
見婆羅門，當願眾生：永持梵行，離一切惡。

見苦行人，當願眾生：依於苦行，至究竟處。
見操行人，當願眾生：堅持志行，不捨佛道。
見著甲冑，當願眾生：常服善鎧，趣無師法。
見無鎧仗，當願眾生：永離一切，不善之業。
見論議人，當願眾生：於諸異論，悉能摧伏。
見正命人，當願眾生：得清淨命，不矯威儀。
若見於王，當願眾生：得為法王，恆轉正法。
若見王子，當願眾生：從法化生，而為佛子。
若見長者，當願眾生：善能明斷，不行惡法。
若見大臣，當願眾生：恆守正念，習行眾善。
若見城廓，當願眾生：得堅固身，心無所屈。
若見王都，當願眾生：功德共聚，心恆喜樂。
見處林藪，當願眾生：應為天人，之所歎仰。
入里乞食，當願眾生：入深法界，心無障礙。
到人門戶，當願眾生：入於一切，佛法之門。
入其家已，當願眾生：得入佛乘，三世平等。

見不捨人，當願眾生：常不捨離，勝功德法。
見能捨人，當願眾生：永得捨離，三惡道苦。
若見空缽，當願眾生：其心清淨，空無煩惱。
若見滿缽，當願眾生：具足成滿，一切善法。
若得恭敬，當願眾生：恭敬修行，一切佛法。
不得恭敬，當願眾生：不行一切，不善之法。
見慚恥人，當願眾生：具慚恥行，藏護諸根。
見無慚恥，當願眾生：捨離無慚，住大慈道。
若得美食，當願眾生：滿足其願，心無羨欲。
得不美食，當願眾生：莫不獲得，諸三昧味。
得柔軟食，當願眾生：大悲所熏，心意柔軟。
得麁澁食，當願眾生：心無染著，絕世貪愛。
若飯食時，當願眾生：禪悅為食，法喜充滿。
若受味時，當願眾生：得佛上味，甘露滿足。
飯食已訖，當願眾生：所作皆辦，具諸佛法。
若說法時，當願眾生：得無盡辯，廣宣法要。

從舍出時，當願眾生：深入佛智，永出三界。
若入水時，當願眾生：入一切智，知三世等。
洗浴身體，當願眾生：身心無垢，內外光潔。
盛暑炎毒，當願眾生：捨離眾惱，一切皆盡。
暑退涼初，當願眾生：證無上法，究竟清涼。
諷誦經時，當願眾生：順佛所說，總持不忘。
若得見佛，當願眾生：得無礙眼，見一切佛。
諦觀佛時，當願眾生：皆如普賢，端正嚴好。
見佛塔時，當願眾生：尊重如塔，受天人供。
敬心觀塔，當願眾生：諸天及人，所共瞻仰。
頂禮於塔，當願眾生：一切天人，無能見頂。
右繞於塔，當願眾生：所行無逆，成一切智。
繞塔三匝，當願眾生：勤求佛道，心無懈歇。
讚佛功德，當願眾生：眾德悉具，稱歎無盡。
讚佛相好，當願眾生：成就佛身，證無相法。
若洗足時，當願眾生：具神足力，所行無礙。

以時寢息，當願眾生：身得安隱，心無動亂。

睡眠始寤，當願眾生：一切智覺，周顧十方。

佛子！若諸菩薩如是用心，則獲一切勝妙功德。一切世間諸天、魔、梵、沙門、婆羅門、乾闥婆、阿修羅等，及以一切聲聞、緣覺，所不能動。」

前言

我已有一段時間沒有在念佛會上講佛理了。去年曾講過一些，但都是很零散的，不算有系統。這次再有機會與大家一起研究佛法，覺得很歡喜。在未開始講解經典以前，希望大家能先了解，應該以怎樣的心情來聽這部經。當你來到這裡，首先要抱有感恩心。因為只有抱著感恩心來，才會虔誠。經典的講解與一般的演講或法會，有著不同的性質，因為從講解經典中，可以有系統或更深入地了解佛法。

所謂感恩心，首先應該感謝的是佛陀。試想，如果佛陀沒有降生在這個世間，不消說沒有佛法，即使在信仰上、生活上，我們也無法找到一個安身立命的處所。佛陀的降生對我們來說，有著很深刻的意義。佛陀本著大慈大悲而降生，尤其這個世間是不淨、污穢的，要解除這個世間眾生的痛苦，就非抱有很大的悲心來不可；缺少了大悲心，就不願意來這麼一個又苦又污濁的世間度眾生了。

其次應該感謝的是歷代的高僧大德。佛陀把佛法開演出來，是二千五百多年前的事了，距今已是一段很長的時間。在這段長遠的時間裡，我們還有機會聽聞佛法，該歸功於歷代的高僧大德。因為他們歷經千辛萬苦把經典流傳下來，且翻譯成我們所懂的文字。我們在今天仍有機會聽聞佛法，真的要感恩他們的恩德。

再次，我們也該感謝因緣成熟。因緣成熟是靠大眾的力量，所以你們也該感恩自己，感恩自己多生以來就種下這樣的善根，促成今日這個法會。如果大家都抱著這種心情來，就能生起很大的信心。這樣一來，從聽法中所獲得的利益就更大了，因為佛法是要以清淨的信心來接受的。

另一點必要說明的就是：以我目前的程度，是不應該講解這部《大方廣佛華嚴經》的。因為我實際並沒有達到這種程度，不管是在文字上的解說或義理上的探討，都存有問題。《華嚴經》並非一部普通的經典，歷代高僧大德給予《華嚴經》的評價都非常高，不管他們是站在哪一個角度來看，都不得不承認這是一部不凡的經典。其中的義理、境界和組織、系統，在目前這個世間上，從各宗教所發展的經典，或哲學思想的書籍中來看，《華嚴經》都已達到登峰造極的地步。尤其重要的是，這部經典的內容非常博大、高超，其性質深嚴幽玄，規模雄厚壯麗，即使用許多的形容詞，也不容易形容出來。

在宗教史、哲學史或思想史上，像《華嚴經》這樣的經典，幾乎很難再有第二部了。在馬來西亞佛教界裡，相信至今也還沒有人講過這麼一部大的經典。在這種情況下，我仍膽敢學著來講，似乎是有點不知自量。但是沒有人做的工作，我希望能開始來做，不管做得好不好，至少有一種引領的作用，這是很重要的。因為知識的佛教真正在馬來西亞流傳，是竺摩長老來大馬以後的二十多年中。這二十多年來，佛法的流傳還只是保留在某一個階段，假如現在我們還不帶頭作些深入的研究，那麼佛法的研究就只有永遠停留在一個程度上，無法向前跨進。

所以，我就不管一切地來嘗試講解《華嚴經》，不過我並不是把整部《華嚴經》講完，因為這部經有八十卷之多。如果要講完，以每星期一次講兩個小時來看，也要講好幾年，所以我就只選了其中的一部來講。這一部是比較接近我們的生活，也是比較容易講解的一品。如果通過這次的講演，能引發各位對這部經的興趣，那是一件很有意義的事。

《華嚴經》有三種譯本，最大的一部有八十卷，也有六十卷的。無論如何，讀《華嚴經》要有豐富的想像力，因為經中所闡述的並不是人的境界，而是佛菩薩的境界。真正了解這種境界的，只有達到八地菩薩以上。我們都是薄地凡夫，對這麼一部經不讀很可惜；要讀就只有靠豐富的想像力了。想像力的產生，要有藝術的眼光。相信讀過詩詞的人都有這麼一個經驗：欣賞詩詞不能固執其文字，要能想像，才能充分了解它所要表達的意境。同樣的，在讀《華嚴經》時，也要有這樣的眼光和想像力，同時要有宗教的心境，因為這部經實在太難了解了。如果不用這麼一種心境，就不能產生信心，會覺得經中所說與我們的生活相差太遠，而無法引起共鳴、無法與這部經產生認同感；這樣一來，即使讀完整部八十卷的經文，也不覺讀到些什麼。只有如上面說的方法來讀，才有辦法讀出心得來。

我們談談《華嚴經》成立的大略過程。這部《華嚴經》的內容、成立的經過或流傳的歷史，都充滿了美麗的傳說，這在宗教上是罕見的。據傳統宗教的說法和歷代祖師們的意見，都認為《華嚴經》是釋迦牟尼佛於最初成道的二十一天（或說四十九天）內，在菩提樹下金剛座上的不動道場為大菩薩所講演的，程度稍淺的菩薩和阿羅漢都聽不懂。佛陀講過《華嚴經》以後，才開始講一些比較淺白的經典。雖然佛陀在初成道即說了《華嚴經》，但在初期佛教發展史上，並未見到有關《華嚴經》的流傳；直到後來，才傳說是龍樹菩薩把這部經找了出來。

龍樹菩薩是佛教史上最偉大的聖者，他學佛前是一個外道。傳說他與幾位有隱身術的同道，經常混入皇宮騷擾宮女，宮中發生這樣的醜事，國王當然很憤怒。就在一次當他們又再隱身入宮時，國王命令士兵把整個皇宮包圍，手執兵器，揮刀亂砍，龍樹的同道都被砍死，只有機警的龍樹躲在國王身後，才倖免一死。經過那次事件，他開始感到後悔，於是學佛，之後就出了家。有智慧的龍樹出家後，短短幾年，就精通了當時佛教界流傳的經典，覺得佛法亦不過如此，於是有另創一個宗派的念頭。後來，有一位大龍菩薩請他到龍宮，他見識到佛教藏經之多，才捨去另創宗派的念頭。

龍樹菩薩就是這樣在龍宮裡發現了《華嚴經》，並帶回人間流傳的，不過它只是龍宮裡最小的一部《華嚴經》，還有上、中兩部因不適合人間流行而沒有帶回來。龍樹帶回《華嚴經》後即把它弘揚開來，這是傳說中《華嚴經》的來由。

但是根據考究，《華嚴經》是從佛陀涅槃後開始有經典以來，經過一段長時間地結集漸漸發展出來的。至龍樹菩薩的時代，大乘佛教已經萌芽，而經由龍樹大大地發揚起來。至於傳說中的龍王，據考據，當時印度有一種名為龍族的人，所以相信龍王可能即是這一族裡的族長之類的人物。而在龍樹菩薩所著的論典裡，經常會提起《華嚴經》，也足以證明《華嚴經》在他以前就已經出現了。

《華嚴經》流傳到中國之後，經過好些時間和多次的翻譯，其中最重要的翻譯有三部，即所謂的「三部華嚴」。第一部是東晉時代佛陀跋陀羅所譯的《六十華嚴》。第二部是唐朝時代，女皇帝武則天讀了《六十華嚴》後，覺得仍有不夠圓滿的地方，於是命人繼續尋找更圓滿的經文原本，終在于闐國找到，並由實叉難陀譯成八十卷的《華嚴經》。第三部《華嚴經》的翻譯，是唐朝時代的般若三藏所譯，稱為《四十華嚴》。這部四十卷的《華嚴經》，實際上只是《八十華嚴》裡的〈入法界品〉，占了二十卷，又稱為〈普賢行願品〉。

今天《華嚴經》只有中文譯本，梵本已經失佚，可能日本也有翻譯此經。不過，如果要研究華嚴宗或《華嚴經》思想，還是非通過研究中文的藏經不可。

《華嚴經》除了上述三種譯本外，其他零碎的譯本共有二十多種，有的只是譯其中一品。現在我要講解的《華嚴經．淨行品》，是以《八十華嚴》裡的〈淨行品〉為講本。其實《八十華嚴》與《六十華嚴》的譯本雖有不同，但內容大同小異，只是譯者不同，所用的筆法稍有差異。

華嚴經的組織

本經的組織共分為九會，據說是佛陀在講本經時，經過九次的法會才講完；而講經的處所分成七處，即所謂「七處九會」。當然，我無法把這部經的內容和組織詳細地作介紹，只能大略地談談。

佛陀最初成道，即開演講說本經，故初會是在菩提樹下講的。其實《華嚴經》的內容大都是大菩薩們所說的，佛陀只在第七會與第九會中說法。這情形有點像拍影片一樣，佛陀就像導演，大菩薩們是主角，有些是聽眾，而佛陀在導演這一套戲時，就負責放光的工作。這在我們看來是不可思議的，因為娑婆世界的眾生主要是以語言或文字來溝通，但有些淨土或國土的眾生並不需要語言、文字，在那兒弘法的佛陀，只需放光或放香就能達到弘法的目的，譬如《維摩詰經．香積佛品》及《楞嚴經．觀世音菩薩耳根圓通章》等都是。大菩薩們看到佛陀放光，就能領略佛法的義理，佛陀放光的意義也是如此。雖然在《華嚴經》裡佛陀所說的部分不多，但其中的義理都是從佛陀的大覺海裡流露出來的。

在最初的一會，是由普賢菩薩為會主，講說毘盧遮那佛的因緣法門，對如何修行成佛作了綜合的說明，共有六品，分為十一卷。

第二會在普光明殿裡，由文殊菩薩為會主，講說十信法門。《華嚴經》裡把菩薩修行的層次說得很清楚。一般說共有五十二位：十信、十住、十行、十迴向、十地、等覺、妙覺，《華嚴經》的第二會就先說明十信的階位。學佛者的信心是非常重要也不易做到的，即使發願盡形壽皈依三寶，但很有可能在一個很特殊的因緣下，你會捨棄佛法而追隨另一個宗教。即使今生能盡形壽皈依佛教，但來世是否仍然有把握皈依佛教，就必須看信心的堅固與否？信心堅固者，不但是盡形壽，且是盡未來際都要作一個佛教徒，直到成佛。而完成十信位的修行者，就有可能達到這種程度，因為他的信心已經具備了。這一會裡共分為六品，〈淨行品〉是其中一品，屬於十信法門之一，是比較淺顯和初步的。《華嚴經》描述的雖然是菩薩的境界，但也有像〈淨行品〉這樣為我們所能了解的。

以上三會的說法處所都是在人間，說第三會時佛陀升上忉利天宮，由法慧菩薩講十住法門，共分六品。第四會時佛陀升到夜摩天，由功德林菩薩為會主，此會共有四品，講十行法門。第五會時佛陀升到兜率陀天，由金剛幢菩薩為會主，講十迴向法門。第六會時佛陀再上升到他化自在天，也即是魔王的天宮，由金剛藏菩薩為會主，講十地法門。

在十地之前的法門，十信之後能得到信心不退。雖然他們在某種因緣之下仍會造業墮落，但無論他們落在哪一道中，信心永遠不會退失。當他們重回人間時，信心又會再重新發起。十信之後經過十住、十行、十迴向的階位，稱為未登地菩薩。到了十地法門，就能得到位不退，只有前進不會退墮，斷一分無明，證一分法身；直到第八金剛地，已經是非常堅固，可以隨處現身度眾生，甚至也能現佛身。

第七會時，佛陀又率眾回到人間的普光明殿，親自演說了阿僧祇——很多的法門，此會共有十一品。第八會時，佛陀仍在普光明殿，由普賢菩薩說出離世間的法門。

最後一會是在祇園精舍，佛陀與菩薩輪流說法，即是〈入法界品〉，這是全經的精華，也可說是一篇非常精彩的遊記，也就是善財童子五十三參的故事。開始時由文殊菩薩講說大乘佛法，接引了許多年輕菩薩來學佛，善財即是其中之一。他經文殊菩薩指示，開始了他的參訪。

善財童子走遍天下，參訪了五十三位善知識。每一位善知識都告訴他一個不同的法門，這些善知識包括了社會上每一階層的人物，有出家和在家的。在家的當中，有國王、大臣及各種行業的人士，這說明了佛法本來即與人生有著很密切的關係。善財童子經過五十二位善知識的指示，最後來到普賢菩薩的處所，普賢菩薩告訴他一個最重要的法門，即是十大願。善財通過修行，再進入彌勒菩薩的樓閣，終證得無上的境界。

整部《華嚴經》的內容，真的是非常豐富，故有句話說：「不讀華嚴，不知佛之富貴。」佛教所說的富麗堂皇的境界，如果不讀《華嚴經》，是無法了解的，裡面的義理實在令人歎為觀止。

華嚴經的宗趣

《華嚴經》以法界為宗趣，佛法的根本義理是「緣起」，離開緣起也就沒有佛教，這是佛教與異教不同之處。佛教即以緣起之理貫通一切理論，學佛者如果不能把握這一原理，還是在佛門外徘徊而已，仍未進入佛門。有關「緣起」的解說，有各種不同的說法，部派佛教講「業感緣起」，唯識學講「賴耶緣起」，《華嚴經》則說「法界緣起」，以整個法界（宇宙）來說明緣起。它從法界的現實來理解緣起，以「因果不思議」為宗，這種境界是不可思議的，以人有限的知識根本無法想像得到，也無法談論。

其實不只《華嚴經》的境界非吾人所能思議，佛法裡許多的境界也是如此，非語言、文字所能表達，只有親身體驗才能了解這樣的境界，所以稱為「不可思議」。不過，不論是業感、賴耶或法界，都離不開緣起與因果，即如何修因而達到證果。在法界緣起的因果中，以普賢法界為因、如來法界是果，即是說明要達到如來的果位，就要修習普賢十大願行。因果法界不能離開理論和現實，經中把因果融入法界，又能把法界因果分明顯示，其中條理分明，絕不混亂，這就是「事事無礙」的境界。

華嚴思想講說「四種無礙」的境界：

1.事無礙：所有的現象皆條然分明，我們不會把椅子看成桌子，因為在吾人的認識作用上，對桌子和椅子早已訂下固定的名稱。每一事物都各有其特徵與特性，讓人一看就能認識。

2.理無礙：對佛經上的理論或其他的理論，都能圓融貫通，在理論上沒有了障礙，這是一般學佛者所達到的階段。但這還是不夠的，只是理論上的認識，無法付之於行動，仍然不能達到成佛的目的。

3.理事無礙：不管是理論或事相，都能達到和諧無礙；對佛法所講的理論能深入地體會，且以行動表現出來而不覺有任何障礙。佛陀說宇宙的一切都是苦、空、無常、無我的，在理論上是理解了，但是在實際生活上卻不易做到。當不如意的事發生在自己身上時，就不能以苦、空、無常、無我的眼光和態度來應付了。佛說無我，即應以無我的眼光和境界來學習忍辱。不論是逆境或順境現前時，有「我」的觀念就不易做到忍辱，瞋心和歡喜心都會不期然地生起，這都是「我」執在作祟，透不過者就成為障礙。

一般人所能做到的只是理論上的了解，只有藉由修行，才能通透事相。修養愈高、愈好的人，他們的舉止、言談、心念都與我們不同，因為他們已經透過理事之間，沒有了障礙。理事有礙的人，即使發大悲心救度一切眾生，對自己的仇人仍無法釋然，不能以德報怨。若以因果的眼光來看，這一世的仇人，很有可能是前一世的親人，因為是親戚才有機會結下冤仇。

真正說起來，事相上有礙，也是因為理論上的理解還不夠通；如果真正理通，在事相上也就能漸漸透過去。這種境界並不容易獲得，卻是我們學習的目標。學佛，即是要學習如何將佛法應用在生活裡面。如《華嚴經》境界之高超，除了理論上要透過去，也應從事相上透過去，即使無法以身行表達出來，至少內心要與之相應，時時體驗佛法。佛陀教人們應時時念法，即是要使內心與佛法相應。

4.事事無礙：這不僅是指理論，同時是現象上的無礙，其境界之高，非語言、文字所能及。所謂「納芥子於須彌，納須彌於芥子」，這真非吾人所能想像得到的。《維摩經》記載維摩居士的丈室，僅四方一丈，卻能容納幾百、幾千人，又從他方佛國借來了許多師子座，丈室一樣容納得下而不覺有擁擠的現象，這些都是事事無礙的境界。聽說在普陀山有一座大殿，與維摩居士的丈室情形一樣，一百人進去，剛好容納得下；一千人進去，也剛好站滿整個大殿。這種情形不是我們所能想像的，只有佛菩薩能達到這種境界，也只有他們才能互相了解其中的情形。吾人只有從文字上對它有些認識，引發嚮往的心，從而朝向這一方向前進。

《華嚴經》裡所說的四種無礙，尤以事事無礙的境界，最為不可思議。「不可思」即心行處滅，「不可議」是言語道斷。用一個淺白的方式說明，一切眾生都受著時間和空間的限度，所以是事事有障、處處有礙。人的生命，受著時間的限制，即使能達到一百年，終有一天會死去。而佛的壽命是無量的、不可計算的，因他不受時間的限制。實際上我們也有不可計算的壽命，但是在無明的遮蔽下，形成一段段的生死，稱為分段生死。佛已超越這個程度了，所以有無量壽。

此外，我們也受到空間的障礙，「我」被關在這個房間裡跑不出去，因為牆壁對我來說是一種障礙。同樣的，你們也是因為受到牆壁的障礙而跑不進來。但是對已達到佛的境界的人來說，這些已經不是障礙，甚至只要是有神通的人，就有能力超越空間的障礙，這就是所謂「事事無礙」的境界。

華嚴經在佛教的地位

據傳統的說法，佛陀說法時，是應病施藥。某一類眾生在某一方面的煩惱較重，就對他說有關這方面的對治法；某類眾生善根深厚，已經歷多生的修習，就為他說較高深的法門，使他通過這個法門而能達到更高深的境界。因佛陀說法有深淺，故流傳下來的經典也有深淺，有時你甚至發現佛陀的說法有矛盾之處，這些都是佛陀的觀機逗教。因此，祖師們將流傳下來的經典，以判教的方式，分門別類說明各類的性質和程度。

中國佛教向以判教為特色，《華嚴經》流傳至中國後，中國的祖師們都把這部經列為根本經典，而華嚴宗更以《華嚴經》為本創立了宗派。判教中最有名的即天台宗的藏、通、別、圓四教，以及華嚴宗的小、始、終、頓、圓五教，兩宗都把《華嚴經》判為圓教，屬於最圓滿、高深的法門。

這是隋唐兩朝對這部經的判教，到了近代，佛教裡則有兩位偉大的思想家，首位是太虛大師，他把佛教分成三個層次：五乘共法、三乘共法、大乘不共法；大乘不共法又分為三個系統：法性空慧學、法相唯識學、法界圓覺學，《華嚴經》即屬法界圓覺學，是圓融完滿的覺悟。

這三種判教，都是根據中國傳統的看法，把圓教看成是最圓滿無上的佛法。另一位是印順法師，他所判的教，也分三系：性空唯名系、虛妄唯識系、真常唯心系。他站在印度佛教的立場，與傳統的說法持不同的意見，判別佛法中究竟了義的應是性空唯名系——「空」是最不易了解的法門。中國向來無人能真正地了解空的意義，結果造成了誤會。因為這個法門眾生不易接受，於是佛陀才又說了另外兩個法門：一個是唯識法門，一個是唯心法門，這兩個法門都是不圓滿的。

傳統的中國佛教對《華嚴經》很崇尚，判教的地位也高，因為經中圓融的思想，是中國人所樂於接受的。中國人喜歡圓融，舉一個例子來說明：中國人演的歌仔戲，結局總是壞人死光，好人來個大團圓的收場；中國人寫的古典小說，也常是壞人得到悲慘的下場，好人得到美好的結局，這是中國人喜歡圓滿、圓融的思想證明。所以，不管判教如何，《華嚴經》的圓融，非常契合中國人的習氣，很容易就引起共鳴，使得此經在中國佛教占了重要的地位。譬如有位近代著名的哲學家，他到美國講學時，竟然帶了一部佛教《大藏經》。他認為要講中國思想就非有《大藏經》不可，尤以《華嚴經》為重，只要有了此經，他就能把中國哲學講好。他對此經的崇尚，影響了他的許多學生也寫了不少有關這方面的書籍。

《華嚴經》的圓融，到底是在哪一方面呢？

《華嚴經》的內容兼具深、廣兩方面，它所談的教理範圍很廣，比如說到菩薩乘如何由人修習至成佛的階段，就有五十二個階段。所以，在廣的方面是「明無量乘」，在深的方面則是「唯顯一乘」。在〈入法界品〉裡，敍述善財童子到處參訪，最後回到彌勒菩薩的樓閣，實踐普賢十大願而成就佛道，以前所講的許多法門，到此都歸納到成佛這一個法門裡，最高深的法門即是成佛。

《華嚴經》從廣至深，兩方面都兼顧，這在今日佛教末法時期，是值得注意的。今日佛教的弘揚，在廣的方面，我們做得不少，可惜的是深度不夠，這使得佛教漸趨向通俗化，甚至與神教並無兩樣。

華嚴經的經題——大方廣佛華嚴經

雖然我們現在只是討論《華嚴經》裡的其中一品，但還是有需要看看經題。

大：梵語「摩訶」。經中說的「大」，與一般所說的意義有不一樣的地方。經裡的「大」代表「法性」，意義可說相當深刻。法性之體大，法性指一切法的本性，也即是「空性」。因為一切法都是緣起而有，由種種的條件組合而成，條件分開即沒有了。所以，一切事物的存在，看似有而實際上是空。凡是由條件組合的都無自性、都是空的；因為是「空」，所以是廣大的。我們無法衡量或計算空的大小，就如說虛空之大，以眾生肉眼觀察，已經無法測量得出其大的程度，何況虛空還只是空的其中一部分而已。

法性之大有兩種意義：

1.遍滿一切：如虛空是普遍一切的。《涅槃經》說：「大者，其性廣博，猶如虛空。」本經也說：「法性遍在一切處，一切眾生及國土，三世悉在無有餘，亦無形相而可得。」任何一個地方都有空性的存在，一切眾生與國土，過去、現在、未來三世也被包括在法性之中。不過它卻是無形相，我們無法也不能替「空」造一個形相，有形相可想像的也就不是空了。

2.恆常不變：本經說：「法性無作無變易，猶如虛空本清淨，諸佛性淨亦如是，本性非性離有無。」世間諸法之相，都是諸行無常、諸法無我。但是諸法之性卻永遠都不會改變，不是無常也不是常，它不能以世間的語言、文字形容。不過為了讓眾生明白，就說法性是恆常不變的，不管其外在的相如何改變，其體性卻不會改變。法性本來就是清淨的，證悟了法性的人，我們稱之為佛。

故佛法裡有說，修學佛法必須多聞熏習，修習聞所成慧，進而修思所成慧，最後從修所成慧達到修習的目的。即使是這樣，程度淺的人對這麼一個深奧玄妙的境界，還是不能百分之百明了的。

《華嚴經》中說：「法性不在於言論，無說離說恆寂滅，諸佛境界不可量，為悟眾生今略說。」因為這樣，所以不論我用什麼方法來解說法性都是徒然，一經言說的就不是法性了。所以，佛法說：「言語道斷，心行處滅。」佛陀的境界不可衡量也不可言說，那眾生不就沒有機會學習，也沒有機會成佛了嗎？為此，佛陀只好假以言說了。

方：指相大。世間上一切事相，因其法體有如恆河沙的妙性功德，故所現之相亦大。所謂的相大，具有二義：正——無偏差，表示相是正的。法——可軌持，凡前六識對外在一切及心所法的了解，都包括在法裡，除了這些世間法外，同時也包括了出世間法。此處指的佛法，可做為我們的生活軌範。凡損害別人利益的都是惡法，皆不可為；凡利益眾生的皆是善法，必須盡力而為。

總而言之，除了恆河沙的妙性功德外，其餘的都屬於相大，世間的一切事相，都可名之為「方」。整個宇宙萬有都在相的範圍，其相之大，可想而知了。佛陀講說關於法相的佛法，但是眾生都不易了解，因此世親菩薩才寫了《百法明門論》，把一切法歸納為一百法，從百法裡就明白宇宙萬有的形成。

廣：指用大。法之體性大，所現之相大，其用處當然也大。法性是無法表現的，藉著法相表現出來；而法相上所現的業力，即是法性之作用。舉個例子來說，比如一張桌子，其體性是木，其相是四根木頭上橫著一塊板，其用處是可以承放一切物體。世間上的每一法，都會有體、相、用三種。業用如體性，體性無所不包，故其業用就無不周遍。這裡的周遍一切，具有二義：

1. 能包含：能包含一切，經典裡說「芥子納須彌」，從此就能看到其用之大了。這種事事無礙的境界可能很難了解，從吾人所了解的來說，一個既平常又普通的人，看似渺小也沒什麼用處，其實他已經包含了整個宇宙；或者說，他與全地球上的人都有關係。一個人的衣食住行都需依賴世界上各階層的人士而有，通過這一層因緣，全世界的人類都互相扯上關係。通常我們稱這個情形為「緣起」，就如漁網的每一絲、每一縷都是互相交纏不可分割的，所以一塵能轉變整個世界。個人的別業，力量是小了些，眾人的共業，力量就大起來了。

人與人之間的關係是很密切的，佛教即是站在這個立場上來提倡菩薩道，提倡慈悲的精神。佛陀更要我們把報恩心放在心裡，在〈淨行品〉的後半段裡，所敍述的都是菩薩每做一件事時，都會聯想起眾生而當願眾生如何如何，從此就會發現佛教的胸懷是如何地偉大。這都是因為了解到體相業用之大，能包含一切而引發出來的。業用之大，不但是個人能含攝整個宇宙，整個宇宙也含攝了個人，這是雙方面的。

2.能普遍：普遍彌蓋法界而無量。法界是無邊際、不可衡量的，而業用能普遍一切，尤其是證得佛果時，佛之業用是大能大用。經云：「譬如虛空，具含眾像，於諸境界，無所分別。」佛陀大能是無分別的，就如陽光一樣普照，無分別心，其用處是廣大的。我們只要與佛心相應，佛陀無所不在；否則，即使佛陀出現在你面前，亦是視而不見。佛陀的感應普遍施予一切眾生，把眾生都當作是自己的孩子，眾生感應不到愛心，是孩子不乖，並非母親不好。佛法之大用，就是這樣。

經中又說：「又如虛空普遍一切，於諸國土平等隨入。」體、相、用能達到無障礙，即是所證的法界。我們的體、相、用都有障礙，所以都不大；而佛所證的境界是無障無礙的，所以其體、相、用都大。關於這個所證的境界，有時稱為法界、法性，也稱為真如、本性。我們用了許多名詞來表達，但是都無法找到一個完全與它一樣的名詞。

總之，「大方廣」即是佛所證的境界。體大指的是佛法體性之大，相大指佛法之相，用大則是指佛法之用。關於這三方面我想補充說明，因為這對你們的修行會有一些幫助。

就體性方面，我把它分為成人、菩薩、佛三種來說明。人有人的特性，菩薩有菩薩的特性，佛有佛的特性。人的特性有三：

1.憶念勝：六道眾生裡，人的記憶與念頭最多，從它表現出來的跡象來看，是歷史、語言和文字。這在天人或動物都不可能做到。

2.梵行勝：人有慚愧心，能克制自己。

3.勇猛勝：人類的勇猛精進，是其他眾生所不及的。

這三種特性，其餘五道眾生都沒有，人類對這三種特性若能好好處置，就是成佛的資糧，否則也是墮落之力用。因為人有這三個特點，所以造業的機會就多了，其他眾生造業的機會很少，多數時間他們都是在受業報。人類如果錯用憶念勝，利用自己的聰明做走私和犯法的勾當，就屬於造惡。在善的方面，憶念勝就能變成智慧，明辨是非，判別事理。

如果沒有梵行勝，人類可能就失去分辨善惡的判斷力而為非作歹；若能善用梵行勝，就能從慚愧心中生起一種有力的去惡向善的力量。比如一個修行者，為了得到解脫，他可以在任何最困苦的環境下用功而不覺得苦。也只有人類才有這種力量，當這種力量發揮到極點時，就是所謂「有氣節」的人。又如宋代文天祥面對亡國的挫折時，對於敵人的引誘仍無動於衷，寧受牢獄之苦，誓不投降。這就是人類從梵行勝裡發揮出來的一種氣節。

在勇猛勝方面，如果不能善用，就會成為造惡的推動力，一切惡事就在這種勇猛的力量下完成。反過來，人若能善加利用這種力量，就能勇求上進，即使歷盡千辛萬苦，嘗試各種挫折，都不能令其退心。為了達到某一個目的，會很勤奮用功地費盡心思，以求得成功。佛法裡就常說要精進，而且非常強調精進的重要。

次說菩薩的特性。人類的憶念勝發揮至菩薩的境地時，就淨化為空慧。這種智慧，使我們於行菩薩道時，有更多的善巧方便，契合眾生之根。所以，菩薩道是以空慧為方便。

人類的梵行勝到菩薩的境地時，就淨化為慈悲。對菩薩來說，慈悲是非常重要的。菩薩與二乘不同的地方，就是在慈悲。菩薩有慈悲心，所以能化導眾生；阿羅漢缺少慈悲心，所以較著重在自己的修持而經常忽略了眾生。所以「慈悲」即是予樂拔苦，因為眾生都有一種離苦得樂的心理傾向，菩薩就以其方便滿足眾生的傾向。

因此，菩薩是以慈悲為上首的，再從人類的勇猛勝裡，淨化成為菩提心。假如不發菩提心，即不能成佛。菩提心即成佛之心或志願，要發菩提心需要有勇猛力，缺乏了勇猛，菩提心也發不起來。有一部分的學佛者，雖知道每一個人都有成佛的可能性，尤其是有聽聞佛法者，成佛的機會就更濃厚，但是因為信心怯弱，不敢發菩提心。有勇猛精進的力量，菩提心才發得起來，也才能真正地實踐菩薩道。當人性提昇至最高時，即是成佛。

佛性也有三種功德，首先是般若德。般若是佛的智慧，即從人的憶念勝發展成菩薩的空慧，再提昇至般若德。其次，是從人的梵行勝發展為菩薩的慈悲，再發展成佛的解脫德。人因為有縛未解，所以需要忍耐。菩薩有慈悲心，能度眾生，但還未圓滿其功德前，仍未能完全得到解脫而有障礙。

所以菩薩在度化眾生時，對某一類眾生是無能為力的，那是因為不能契機的緣故。佛已經完全解脫一切障礙，因此能度無量眾生而無礙，但必須是與佛有緣的眾生。最後即從人的勇猛勝發揮至菩薩的菩提心，再成就佛的法身德；也就是經過勇猛的力量，發廣大的菩提心，然後成就法身德。

佛成就了此三種功德後，向外表現出來的，般若德現為大智，解脫德現為大悲，法身德現為大雄力。佛有大智慧，所以能度無量眾生而無礙；有大悲心，故能不辭勞苦，不住涅槃而來世間度眾生；佛有大雄力，故能發揮度眾生的大力量。從此可看出，六道眾生裡，人是最可貴的，因為人有三種異於其他眾生的特性；而這些特性又是成佛必要的資糧，成佛時也就是這三種特性的圓滿。

不過，人也是最易造業的眾生。就人與動物來比較，人是最殘忍的動物，即使是最兇猛的老虎或獅子也比不上，這個不必舉例說明，大家都多少明白。這是因為人類並沒有好好利用自己的特性，反而讓它成為惡性的根源。

相狀方面，人有人的相狀，但是人的相還有不圓滿的地方，甚至有一部分人的相貌有缺陷或殘障。菩薩的相是隨其度眾生的機緣而不同，所謂「隨類化身」，〈普門品〉中云：「若有國土眾生，應以佛身得度者，觀世音菩薩即現佛身而為說法。」應以什麼身得度者，觀世音菩薩即現什麼身而為說法。因此，若針對觀世音菩薩的性別，那是無法下一個定論。至於佛就有三十二相、八十隨形好，這種佛身特有的相好，我們無法看到，只能從現存的佛像裡大略地看到一些。雖然佛所現的也是人身，但是在相狀上比人要完美、豐滿。

業用方面，人的業用是由於持五戒，因為持五戒的力量，使我們不會上升天堂，也不至墮落三惡道。但未必五戒都要持得清淨，只要持五戒中的任何一戒，都能得到人身，不過並不完滿；如果五戒都持得清淨，所得的人身就會很圓滿。

由於業力使然，我們可以發現世間上所有的人類都不完滿，有痛苦，也有缺陷。菩薩的業用，乃因行六度萬行種種利益眾生的工作而來，成佛後就有了四無畏、十八不共法等許多功德，這些都是佛度眾生的工具。佛度眾生是無障礙、無所畏的，是人天、聲聞、緣覺，甚至菩薩所沒有的功德力用。

佛性、佛相和佛用，即是法性、法相和法用，也即是「大方廣」三字所含容的意義。人也有這些，但卻不能稱為大方廣，因為我們還未能圓滿。

佛：指果大。「佛」是佛教裡所承認最圓滿的果報，也是無上的。人的果報不能稱大，因為還只是屬於六道眾生裡的一道。即使是二乘阿羅漢，其果報也還不能稱為大。佛可從兩方面來解說：

1. 能覺：能成佛的人，他具備了自覺、覺他和覺行圓滿。「人」有如在人生道路上迷了路的人，而「佛」則是一個已經覺悟的人。個人的覺悟並不足夠，還要令他人也覺悟，最後使這兩種功德都達到圓滿的境界。

2. 所覺：佛所覺悟的，即是大方廣。覺悟體大，於是證得空智，見到真諦，也就解脫了。覺悟相大，即徹見中道，真諦不偏。覺悟用大，就明了世俗諦，在度眾生方面會毫無困難。二乘偏於真諦，重視自己的解脫；菩薩偏於用，注重度眾生；佛是遠離此二邊而行中道的，這二諦圓融，就能三覺無礙。覺悟體大時是自覺，覺悟用大時是覺他，覺悟相大時就是覺行圓滿了；達到了這種無上的功德境界，我們即稱之為佛。

華：是一種比喻，代表因大。成佛並不是件易事，佛的果報是最高無上的，要成就這麼高的功德，必定要有這方面的因。佛法主張有因果，當然成佛也離不開因果。成佛的果報大，其因必定也是大的。

經中以「華」來比喻這個成佛之因，此即菩提心。一個發菩提心的人，即使他還是一個與常人無異的凡夫，但是他所發的心，已使他種下了成佛的因，且是偉大的。沒有發菩提心的人，在他修行的過程中，遇到逆境、挫折時很可能就會生退心，做個自了漢。度眾生本來就不是件易事，就如父母教育孩子一樣，如果發心不足，力量不夠勇猛，很快就會打退堂鼓了。只有發菩提心為因，繼起解行，然後證果，從最初證的小果，愈加精進，以完成最深、最高的果位。

在行菩薩道的過程中，遭受各種打擊、困難，是在所難免的，但是對已發菩提心的人來說，這些都不能使他退卻初心。本來行菩薩道就不是件簡單的事，對某一些眾生，今生不能度化他們，來世還有機會，總有一天能使他們都皈投在佛陀座下的。成佛不是一朝一夕的事，是要經歷很長遠時間的修行，所以菩薩並不急於把這個長遠的計畫在短期內完成。

發菩提心是因，成佛是果。當因生起來時，其實就已具備了果的功德。所謂「因賅果海」，真正達到證果時，又是「果徹因源」，因果之間的關係就是這麼密切。關於因大，有兩個比喻說明：

1.感果花：喻於修行時所種的功德，是能達到佛果的。這又有兩種情形：⑴與果俱：如蓮花的花果同時，喻如發成佛的因的當下，成佛的果報便已經成就。《法華經》云：「一稱南無佛，皆已成佛道。」這就是因為他已經種下成佛的因了。所以，佛教很重視蓮花，因為它不但表示了出污泥而不染，更具有因果同時如此深入的意義。佛陀常鼓勵弟子要發菩提心，因為當一個人發了菩提心後，雖然成佛之果不能一時顯現，但已經含藏在因中了，只要待以時日，漸漸就會成熟，就有機會令它顯示無遺了。⑵不與果俱：如木瓜等果實，花謝了果才顯現，這是說因果的程序絕對是因先果後，而不會果先因後的，學佛的程序也是如此。

所謂即身成佛，那只是期望不必修因而能不勞而獲的妄想。成佛的條件必須先度無量眾生，成就無量的功德，然後才能完成佛果。若以為先成佛以後再行菩薩道度眾生，那是倒因為果，《華嚴經．普賢行願品》說：「一切眾生而為樹根，諸佛菩薩而為華果，以大悲水饒益眾生，則能成就諸佛菩薩智慧華果。」明白了因果的程序，當我們走在成佛的道路上時，就不會急著想抵達目的地，只要有信心，哪怕沒有成功的一日呢？

怕的是沒有這種恆常的信心。

2.嚴身華：修行佛道，神通只是一種附屬品，我們的目標不是這些。不過成就佛道時，它自然就有了。如果以為先修得神通，再來管了生死的事，那是本末倒置，已走到外道的路上去了。〈淨行品〉的末尾有一首偈：「若見華開，當願眾生：神通等法，如華開敷。」又云：「若見樹華，當願眾生：眾相如華，具三十二。」

嚴：指智大。要成就佛果，要有大的因，也要有大的智慧。智慧還不能達到成佛的程度，是無法證得佛果的。

一般學佛者的智慧，是一種能分辨善惡的智慧；有了這種智慧，才懂得去惡行善。就像畜生的愚昧，我們不能說牠們是善是惡，實際上牠們是善惡不分。一個精神有問題的人，即使犯了殺人罪，法院都不會判他有罪，因為他根本就不懂得分別。

學菩薩道的人，以智慧為莊嚴：

1.以智慧莊嚴「大方廣」：欲證得大方廣，必須有智慧。人類雖有憶念勝、梵行勝和勇猛勝，但都只是一種很小的智慧。若能將它們昇華為空慧、慈悲、菩提心，昇華至最圓滿究竟時，即是般若德、解脫德、法身德。

在這過程中，智慧都穩站在第一位，可見佛教是一個智慧的宗教。佛教以智慧為中心，如果缺少了智慧，所修的法門都不能與佛法相應。佛法所說的智慧，其實就是徹底明白因果的道理。因果從淺處來說，是善有善報、惡有惡報；從深處來說，恐怕不是我們現在的程度所能了解的，那是成佛的境界，唯空慧能解。若以布施等六度莊嚴大方廣，但是前五度沒有般若為引導，都不是成佛的因。

所謂「五度如盲」，沒有經過般若洗練的布施，是有相布施，只能獲得人天果報。有智慧的布施，過後就完全放下，絕不會再掛在心上了。因為在智慧的觀照下，沒有能布施的人、所布施的人和物，一切都是緣起。可以肯定地說，沒有智慧的修禪不能成佛，縱使修至非想非非想天，經過千千萬萬年以後，定力一退失，仍會墮落輪迴。

《慈悲三昧水懺》裡，就曾說到這麼一個例子：一個從非非想天退墮下來的仙人，竟落為牛領中蟲。修禪如果不能解脫生死，就沒有多大的好處。其實修禪只是一種開發智慧的方便，所以應以智慧來修禪定，以觀照的方法觀五蘊、四大、緣起、法性，乃至一切法。若能觀察這一切法都是空的，智慧也就能顯發；智慧生，煩惱斷，因為煩惱也是緣起法。

因緣所生法即是空，一體證到空性，所有的生死煩惱就在這一剎那間斷盡無遺。證悟空性的人對一切都能捨棄，即使是自己的身體也會毫無留戀地布施出去，對初機的修道者而言，這是不可能的事。為了達到這種境界，我們應從兩方面進行：一面做善事，一面常觀照，邊做邊捨，這是很重要的。許多人做盡了善事，都不能成佛，關鍵即在他不能放下。要成阿羅漢，最低限度也要能捨下自己的身體，這是為什麼阿羅漢能來去自如的原因。

一般人不能放下，貪戀世間的一切，包括生命、財產，為之所縛而不能解脫，這就需要智慧為引導了。所以，修行必須與智慧相應，在學佛的過程裡，逐漸地修習、觀察。

2.以萬行功德成就佛果：如琢玉成像，同時也莊嚴了玉的本體。玉就如大方廣，經過萬行功德的修飾，就能使它呈現出來。又如鑄金成像，因為有金所以鑄像，同時也因為鑄像而莊嚴了金的本體。

兩者之間，以智慧為溝通，有了智慧，智慧就成為主導，能引導一切的修行，六度萬行皆以智慧為引導。所以，佛陀就曾說過一部有六百卷之大的《大般若經》，那是所有經典所不能及的，也表示了佛教的中心即在般若。

經：上面所說的「大方廣佛華嚴」六字，都是義理上的說明。最後一個「經」字，是在教上來說，即是佛陀的教法。佛陀所說的許多教法，經後來的弟子們加以集合記錄編輯，成為經典；這些經典，把佛陀所說的法連貫起來。經的意義，即是貫攝。貫，是貫串「大方廣佛華嚴」六字義理，再以文字把其中的妙理貫通；攝，是攝法界之海眾，以文字義理攝化海一樣多的眾生。如果沒有經典，一切眾生都沒有機會聽聞佛法，也就沒有機會成就佛道了。

所以，學佛者對經典是非常恭敬的。三寶裡把經典尊為法寶，我們也要把它當成是一種可以應用的工具，這樣才能把眾生從此岸度到彼岸去，至少能度化自己這個眾生。經典裡的一字一句，無不為度化眾生而結集、而流通，我們應善思念之。

品題——淨行品

本品品題——〈淨行品〉，簡單地解釋，即清淨的行為或清淨的修行。學佛者所要修的，即是清淨的行為。如前面所說，以般若來引導修行，即是淨行。沒有般若引導的修行是不淨而污染的，因為有煩惱的纏縛，所以是污染。例如為了名譽而做的布施，帶有貪的毛病和執著；所做的布施若得不到預期中的宣揚，即產生瞋恨心，這是瞋病。貪、瞋的毛病，都是由愚癡而來。由做一件善事而引起種種煩惱，這樣的修行是染而不淨的，其結果至多是上升天上或重回人間而不能成佛。

清淨的修行能防止各種污染，離開各種罪過，能成就無量功德。一般人做了各種善事以後，所得的是福德，福德並不一定是清淨的，而功德則是清淨無染地從內心發出來的。修行須悲智雙運，大悲大智是修行所不能缺的，少了這兩種，修行的心也就發不起來。

此種修行不只超越人的修行，也超越已了脫生死的二乘阿羅漢。因從《大方廣佛華嚴經》的思想上看來，仍不圓滿，總覺得他們過於自利而忽略了別人，所以不是真正淨行。真正領略到淨行、真正修清淨菩薩行的人，舉手投足盡文殊心，心無濁亂，是清淨的，見聞覺起皆普賢行。在日常生活中的每一個動作、每一句話，都與文殊清淨無濁亂之心相應，與普賢十大願心行契合，這些都是諸佛在成佛前所必須修習的。善財童子經過五十三參以後，最後找到普賢菩薩，依據十大願行修行，終究成佛。

普賢菩薩的修行在所有的菩薩中是最廣大，而文殊菩薩是諸菩薩中智慧最廣的一位。《華嚴經》裡，就以此二位菩薩與釋迦牟尼佛的法身毘盧遮那佛為主角。所謂的華嚴三聖，是以法身佛為中心，右邊是白象普賢，左邊是青獅文殊。這說明了在修行當中，運文殊師利的大智慧，修普賢的大行，當兩者都圓滿時，即是毘盧遮那佛。換句話說，普賢、文殊即是圓滿佛果的兩面。

讀《華嚴經》若忽略了這兩位大菩薩，是還未把握此經的中心。我們常說學佛要解行並重，解即是智慧，行即是修行。當然，這並不是說文殊只有智慧、沒有修行，普賢只有修行、沒有智慧，只是表示他們在表現方面的偏重，而佛則是兩者並重。所以若得到淨行，就等於把這兩位菩薩的功德融合一起，這時可真是無量功德了。

至於我為何要解說這一品，那是因為修行對我們來說很重要。〈淨行品〉之前的〈菩薩問明品〉，較注重在「解」那方面，〈淨行品〉則把重點放在「行」這方面，在了解以後，接著就是實行，也使我們從了解中知道實行。

這一品的宗趣，是「隨事發願，防心不散」。當我們面對任何一件事時，都能把它化為願力，不論吃飯、拜佛，總之一日的生活裡，每一件事都要發願。這是為了讓修行者的心常與菩提心相應。菩薩心是要度眾生，讓自己也常常發願，漸漸地心就能廣大起來。

弘一大師對此品就非常重視，他以為一個行菩薩行的人，若能每日誦念此品，會有很大的幫助，因為從〈淨行品〉裡可以長養菩薩的悲智和大行。〈淨行品〉雖只敍述了一百四十一大願，表面看來它並沒有講到修行這一方面，其實它所闡述的內容從在家學佛到出家學佛的生活情況，都已經說到。

從個人到團體生活，各方面的細節若能真正依照〈淨行品〉中所說的情形發願，在發願的那一刻，就不會有妄念，當下即是正念。正念對一個學佛者來說是非常重要的，沒有正念為基礎，很容易一念之差就錯了。但是只要把這一念扭轉過來，那即是修行，在這種情況下，我們便能觸境不迷。造惡業是由於觸境的剎那已經迷惑了，若在不迷的情況下，遇到逆境即把它轉為願力，煩惱心就生不起來。學佛的人若能達到這個境界，即表示已經不會再墮落，因為你時時刻刻與佛法相應，正念常跟隨著你了。更重要的是，能以願力引導智慧，即是發菩提心、成佛之大願。

本品的另一宗趣，是要念念不捨眾生，即使這並不容易做到。如頌云：「自皈於佛，當願眾生：紹隆佛種，發無上意。」這當然是不容易做到的，不過當你發這一個願的時候，即牢牢地記住了眾生，願心不捨眾生，盡自己的能力做去。

清朝一位對《華嚴經》很有研究的徐文霨居士就曾說：「淨行一品，念念不捨眾生，夫至念念不捨眾生，則我執不破而自破。」我們的執著深，因為忘記了眾生，忘記眾生也就表示只注重自己；欲破我執，想念眾生是一個很好的方法。菩薩能破我執，也是因為他們能念念不捨眾生。這位居士接著又說：「縱未能真實利益眾生，而是人心量則已超出同類之上，勝異方便，無以逾此。」因為我們已經能夠把眾生的利益放在自己之上，對一些眼光短淺、心量狹窄、只看見自己利益的人，就超過他們許多了。宋朝名臣范仲淹曾說：「先天下之憂而憂，後天下之樂而樂」，這即是菩薩心。

本品異譯

現在我所依據的經本，是《八十華嚴》裡的〈淨行品〉，另外還有《六十華嚴》的〈淨行品〉。三種較重要的《華嚴經》譯本裡，除了上述兩種外，《四十華嚴》其實只是〈入法界〉一品，說起來真正重要的就只有八十卷和六十卷的《華嚴經》。《六十華嚴》的〈淨行品〉被安排在第七品，《八十華嚴》的〈淨行品〉則安排在第十一品，位次上有不同。除此之外，三國時代的東吳支謙法師也譯了《華嚴經》，經題名為「佛說菩薩本業經」。這個譯本把〈淨行品〉題名為「願行品」，並排在第一品。西晉的聶道真翻譯為一卷的《諸菩薩求佛本業經》，這一譯本其實就是〈淨行品〉的異譯。

據知，〈淨行品〉就有這四種不同的譯本，其中以前兩種的譯本最為接近，內容有許多幾乎相同，只有些許差別。不過，八十卷的《華嚴經》內容比較充實，畢竟它是較後期的經典，所以我們就採取這一譯本。

本品譯者

翻譯八十卷《華嚴經》的人是實叉難陀，他是于闐國的一位三藏法師。于闐是當時位於中國西域許多小國的其中一個國家，這些小國因為與印度很靠近，所以大乘佛教都很興盛，中國佛教有很多都是從這些小國傳入的。

三藏是指經、律、論，佛所說的法都稱為經，如《大方廣佛華嚴經》。律即佛所制定的戒律，如五戒、八戒、沙彌十戒、比丘及比丘尼戒等，後經結集流傳，即成戒本；有關這方面的著作，就稱為律藏。論是祖師或高僧大德們所寫、討論佛法的論集。經典流傳得太久，其中一些義理難免就模糊了，於是祖師們通過自己的修行和老師的指點，對經典有了深入的研究，將心得寫成論典，介紹經的內容，使人易於了解，這一類的著作都屬於論藏。三藏在中國經過整理，成為近一萬卷的《大藏經》，日本稱為《一切經》。這些經典都是吾人學佛的根據，精通三藏的法師，就稱為三藏法師。

實叉難陀法師，中譯為學喜法師。《高僧傳》裡敍述這位法師是很有智慧，且有著與眾不同風格的人。往往一位經過修行得到成就的法師，都有其獨特的一面，這不是他故意的做作，而是很自然地流露，無論行住坐臥都有一定的威儀，讓人見到就會生起恭敬心。

實叉難陀法師精通大小乘經典，故被稱為三藏法師。他也兼通外道學說，這是因為印度和西域一帶宗教興盛，人們喜好辯論，常以頭做為賭注，如果不懂得這許多，不易弘法，佛教就很難立足。當時是中國唐朝武則天當權的時期，這位女皇帝是很虔誠的佛教徒。她聽說當時的《六十華嚴》還不是最圓滿的譯本，在于闐國還有一部更完整的原本，便命人去尋找。當經本被帶回中國時，也請回了一位翻譯的人，他即是實叉難陀法師。

實叉難陀法師抵達中國後，立即被請在皇宮的大遍空寺裡翻譯這部經，武則天親臨譯場巡視，並寫了一篇序文。每當譯完一品後，即呈武則天過目，而且每一品題都是她親筆題書的，可見武則天是如何地重視這一部經。實叉難陀法師因為是本經的主譯，當然也備受尊崇。其他助譯的法師，有幾位也是當時著名的法師，有菩提流支、義淨三藏等。

實叉難陀法師在中國的時間不長，共譯成十九部經典，後因思念母親而返回于闐。武則天下台後，唐中宗繼位為帝，又再請法師來中國。這一次皇帝甚至親自到城門迎接，全城緇俗四眾執幡幢，歡迎法師入城，場面極為隆重莊嚴。

可惜的是，實叉難陀法師再次來到中國，還未開始譯經的工作就病逝了，享年五十九歲。大葬時，發現法師的舌根未壞，他的骨灰和舍利都被送回于闐起塔供養，後人在法師荼毘的地方也建塔紀念他。《高僧傳》對法師的記載很多，所以有關他的事蹟，我們知道得很多，這裡只是大略地談談而已。

正釋經文

本品的主角是智首菩薩和文殊師利菩薩，兩人一問一答、你唱我和地討論佛法。

爾時，智首菩薩問文殊師利菩薩言：

一般經典的開首，都有「如是我聞，一時……」等六種證信，這是佛陀臨入涅槃前囑咐阿難，以後結集經典必須冠上這六種證信。但本品的開首只有「爾時」而沒有「如是我聞」的句子，這是因為〈淨行品〉只是《華嚴經》其中一品，而這一品已經是經典開始以後的第十一品了，所以沒有按上「如是我聞」等句。只在每一品的開首，稱明是「爾時」。意為這一個時候，是在上一段說法結束後，當時智首菩薩即向文殊菩薩問了一連串的問題。

為什麼這一品的主角會是這兩位菩薩呢？

《華嚴經》共有九會，本品是第二會時說的。第二會的會主是文殊師利菩薩，文殊菩薩在這一會中，秉承佛陀的慈悲和智慧來發揮佛法的理論。除了會主外，聽經的大眾裡，定有一位當機眾，身為當機眾的聽眾，是有其特殊意義的。如《佛說阿彌陀經》以

「智慧第一」的舍利弗為當機眾，是因為沒有智慧的人，很難相信淨土法門中提到這麼一個完美的國土，有了懷疑，就絕不會發願往生了。只有對智慧的人宣說，對方才會毫無懷疑地接受，甚至發願往生，從而影響其他人，令他們也生起信心。

修行菩薩道有三個要則，即發菩提心、大悲心和空慧。菩提心是一種志願，大悲心是悲念，這兩者的完成，要靠智慧來實行。如醫生治病要能判斷病情的能力，然後配給適合的藥方，若菩薩沒有空慧，就等於醫生沒有判斷病情的能力一樣，不但不能度眾生，反讓眾生度過去了。維摩詰居士為了度眾生，時常出入酒館淫舍之間，卻能不為所動，即由於他具備了空慧。

從智慧中能產生各種度眾生的方便，所以方便不是掛在口頭上的，沒有智慧的方便是危險的。方便的意義是善巧，為了度化這一類的眾生，於是契合他們的根機，隨順他們的所好。如對一個喜歡唱歌的人，就投其所好，以佛曲引導他學佛。如果為了迎合他，給他更多流行曲，這不但不能度化他，反而令他更為沉迷，這就不是方便。

所謂方便，必須是上契諸佛的理論，下契眾生的根機。如果違背佛法而去契合眾生根機，最後只會導致佛教變質而已。所以，弘法者首先必須了解佛法的義理，然後才是配合眾生施予方便，這是重要但又不易做到的。

本品的兩位菩薩就代表了這兩方面，文殊菩薩代表空慧、智首菩薩代表方便，兩位菩薩合作，就是弘揚佛法的好拍檔。智首的意義是以智慧為首，說明了方便須以智慧為引導，所以智首菩薩就向文殊菩薩請問佛法，兩位菩薩在一唱一和的情況下，就把佛法表達出來了。

空慧和方便二者具足，在度眾生和修行方面便能觸境不迷；假如只有空慧、沒有方便，就是阿羅漢而不能成為菩薩或佛，因為不論行菩薩道或成佛都必須度眾生。三界如火宅，但是眾生卻未覺察，只有少數的人發現了，於是連忙逃走。其中有些人走出火宅以後，享受到大自然的舒適，呼吸到清新的空氣，就躺下來休息，不再理會房內的人。然而還有一些人，當他逃離火宅後，想起屋裡還有許多人沒有出來，於是重返火宅去解救其他人。因為他也是從屋裡逃出來的，對逃走的路線已經有確實的了解，所以可以毫無畏懼、從容不迫地將屋裡的人一個個地救出來；前者就是阿羅漢的行為，而後者即是菩薩。菩薩救度眾生的方法，即是方便。

佛子！菩薩云何得無過失……為無等、為無等等？

這一大段的問題，具有很深刻的意義，其中分成十一段。在第一段裡有十個「云何」，接下去的每一段都有一個「云何」。云何即是如何，這些問題都是在問如何能夠得到這些功德、智慧力和善的果報。在這裡共有一百一十個問題，實際上，如能得到這些功德而又具足的話，即等於是佛了。

歸納地說，智首菩薩所問的即是如何成佛，但是如果他直接了當地問，似乎太簡單了。於是他就把佛陀所具足的功德，一項項提出來發問。全部問題的第一段共有十個「云何」，這十項可說是全部功德的德相；接下來的功德是別相，即說第一段裡的每一項就是後來的每一段。

佛子！菩薩云何得無過失身、語、意業？

這一整段所問的，都是有關身、語、意業的問題。首先，智首菩薩問如何才能使身、口、意三業離開過失，成就一切功德？佛子，從廣義來說，每一個學佛的人都是佛子，意即是佛陀的弟子。如把佛子的意義說得更深刻一點，即是佛陀的嫡子，指能接受佛法且能弘揚佛法的人。佛陀為法王、菩薩是法王子，佛陀把佛法傳授給菩薩，菩薩繼承佛陀的教法，繼續把它流傳下去。在此所稱的佛子，指的當然就是文殊菩薩。

人的一切行為，不論是從身所表現的或心裡所動的念頭，都有不淨和過失。俗語說「聖人都有錯」，當然這是指世間一般的聖人。吾人最大的過失，莫過於意念上的過失，念頭最不易控制，往往想的又都是惡念、邪念，即使外表看起來了無痕跡，但是心裡已經有了過失。人會講錯話、做錯事，會動邪念，因為外境的誘惑力太大了，常使我們不覺就犯了三業上的過失。假如一個三業都無過失的人，已經是超勝尊貴的了，就如問題的第十一段所說的：「於一切眾生中為第一、為大、為勝、為最勝、為妙、為極妙、為上、為無上、為無等、為無等等。」

佛陀被尊為「兩足尊」，意思即是在兩足的眾生中，佛陀是最尊貴的。「世尊」這個稱號也是具有同樣的意義，這即是因為佛陀的身、語、意業已經是無過失，佛陀說法可以隨意而說，想做什麼事也可以隨意去做，絕不會有語言和行動的錯誤，也絕不會動歪念頭。

云何得不害身、語、意業？

不害，即不損害。當你有損害別人的行為時，內心一定是充滿了瞋恨，從瞋恨心所表現出來的都是害人的身、語、意業。人可以用身業殺人，也可以用語業殺人，甚至可用意念殺人。行動上的殺害是有限的，如持刀傷人者；語言上的殺害是無數的，如指揮別人去作殺業；意念上的殺害更是不可計算的，如發明核子彈的人。如果能做到不害的身、語、意業，即是饒益眾生，也才能饒益眾生。

這一段與問題的第十段相配合：「云何得與一切眾生為依、為救、為歸、為趣、為炬、為明、為照、為導、為勝導、為普導？」

云何得不可毀身、語、意業？

毀是譏毀，用身、語、意譏毀別人。若得到不可毀身、語、意業，沒有了這些譏毀的煩惱，就能得到十王的護持，即問題的第九段：「云何常得天王、龍王、夜叉王、乾闥婆王、阿修羅王、迦樓羅王、緊那羅王、摩睺羅伽王、人王、梵王之所守護，恭敬供養？」

云何得不可壞身、語、意業？

在任何惡緣之下，身、語、意業都不受到破壞，不受其影響。一般人即由於抵擋不住惡緣的破壞，而導致身、語、意業也有過失。若能面臨逆境仍不為所動，得到不可壞身、語、意業，即能得到佛十力。

此即問題的第八段：「云何得處非處智力、過未現在業報智力、根勝劣智力、種種界智力、種種解智力、一切至處道智力、禪解脫三昧染淨智力、宿住念智力、無障礙天眼智力、斷諸習智力？」

云何得不退轉身、語、意業？

不退轉指的是修行到了某個階段，就不會再退轉。要如何做到身、語、意業在任何環境下都不會退轉？這就要靠修行了。修行程度愈高，退轉的機會愈小，不但修行所達到的境界會退轉，信心也有退轉的可能。信心未達到不退轉之前，對下一世是否還有機會學佛就無法把握。

而要達到境界不退轉，就更不簡單，只有菩薩才有能力得到這種高深的境界；到了八地菩薩以上，就能得到完全不退轉的境界。得不退轉身、語、意業，即能滿菩薩行，等於問題的第七段：「云何得圓滿檀波羅蜜、尸波羅蜜、羼提波羅蜜、毘梨耶波羅蜜、禪那波羅蜜、般若波羅蜜，及以圓滿慈、悲、喜、捨？」這一段所說的是六波羅蜜與四無量心，這些即是菩薩道；圓滿了這些菩薩道，即能得到不退轉，永遠只有向前了。

云何得不可動身、語、意業？

不動表示如如不動，因為它已經遠離諸相。我們不能遠離諸相，以致接觸到各種事相時，就會分別其好壞。菩薩遠離了這些相，雖與眾生混雜一起卻不為眾生所影響。所以，菩薩的遠離不是要躲避世間、躲避眾生，只是心不再執著；一旦心能遠離，身、語二業也能遠離了。

一般人執著世間，貪著諸相，所以為之所轉，碰到順境就起歡喜心，碰到逆境便起瞋心。佛菩薩對順、逆境都不執著，如佛陀，上與皇帝齊坐，下與乞丐同行。對佛陀或有修養的修行者來說，最尊貴時不會有歡喜心，最卑賤時也不覺尷尬，這即是他們已不為境所轉之故，皇帝或乞丐對他來說皆無分別，其心如如不動。

一般人對逆境的忍耐力還算強，對順境就毫無抵抗之力了。其實對順境能不動心，才真是不簡單呢！佛陀在弘法時，常發生被人責罵的事情，但是佛陀不僅不為所動，反而把握機會給他說法，甚至度化他。同樣的，也有許多人稱讚佛陀，佛陀仍以同樣的態度對待他們，從來沒有為境界而激動過。得到遠離諸相功德，就能得到涅槃因。

在問題的第六段：「云何善修習念覺分、擇法覺分、精進覺分、喜覺分、猗覺分、定覺分、捨覺分、空、無相、無願？」即七覺支和三種三昧，修習這十種，即能證得涅槃，阿羅漢也因為修習七覺支而證涅槃。

云何得殊勝身、語、意業？

「殊勝」表示其德性都勝人一等。人的德行不夠，所以還會有邪念、講錯話、做錯事。德行殊勝的人，不但沒有這些過失，還能於法善巧，即問題的第五段：「云何得蘊善巧、界善巧、處善巧、緣起善巧、欲界善巧、色界善巧、無色界善巧、過去善巧、未來善巧、現在善巧？」要度眾生須有善巧，同時要有崇高的德行。

云何得清淨身、語、意業？

表示身、語、意三業都達到清淨。得到了清淨的身、語、意業後，就具足了道緣，如問題第四段：「云何得因力、欲力、方便力、緣力、所緣力、根力、觀察力、奢摩他力、毘缽舍那力、思惟力？」這些力牽引修行者得道，修道而不退轉。

云何得無染身、語、意業？

無染即沒有污染，碰到任何境界，身、語、意業不會受污染。我們的內心常受到外境所污染，而這些外境多數是不好的境界，易引人起邪念、動惡念的。若能得到無染的身、語、意業，即表示所有的外境都不能污染自心，到了這個境界，就能得到如問題的第二段所問的：「云何得生處具足、種族具足、家具足、色具足、相具足、念具足、慧具足、行具足、無畏具足、覺悟具足？」

當這種種具足都圓滿了之後，即是成佛的境界了。

云何得智為先導身、語、意業？

以智慧為修行的導師，由智慧引導身、語、意業作修行的工夫，就能成就眾慧，即問題的第三段：「云何得勝慧、第一慧、最上慧、最勝慧、無量慧、無數慧、不思議慧、無與等慧、不可量慧、不可說慧？」

總相的十個問題大略講過了，接下來還有十個別相問題，它們都是配合總項的十個問題加以發揮所成，而每一項都有十種功德。後期的大乘經典，很注重這個「十」字，經常以「十」做為項目的說明，除因世間上都以「十」做為進位，「十」字也表示圓滿的意義。

接下來的十段，第一段名為「堪傳法器」，第二段是「成就眾慧」，第三段是「具道因緣」，第四段是「於法善巧」，第五段是「修涅槃因」，第六段是「滿菩薩行」，第七段是「得十力智」，第八段是「十王敬護」，第九段是「能為饒益」，第十段是「超勝尊貴」，這是十段所述的項目。

第一段「**堪傳法器**」：

「云何得生處具足、種族具足、家具足、色具足、相具足、念具足、慧具足、行具足、無畏具足、覺悟具足？」共有十種具足。

具足即是圓滿，也不說是「得」或果報，是佛陀降生人間所示現的種種功德。經典裡常說，佛陀不是隨便就降生到人間來，他降生的時代與地區，都是非常殊勝。有句話說：「中國難生。」中國指的是有佛法的地方，所謂「生處具足」就是指這方面而言。佛陀所降生的地方，已經具足了一切功德，但是佛陀降生以前，世間還未有佛法。實際上，法本來就是具足的，佛陀覺悟了法以後，才把它公布流傳下來，即稱之為「佛法」。

佛陀降生前，佛法未被發掘，那麼「生處具足」的意義，當然是指其文化水準高了。因為如果那個地方的文化水準不高，就很難接受佛法，佛陀也就無法把佛法顯示出來了。佛陀降生時，印度的文化水準就很高，也是個宗教意識很高的國家，這從世界宗教史上來看，可以知道世界上許多宗教大部分都是從印度傳出，而且印度所流傳的宗教在所有宗教的層次上，占了較高的地位。

現代人把宗教分為多神教、一神教和無神教。多神教的層次最淺，如原始時代的宗教，對大自然裡無法解釋的一切都崇拜，這表示他們的知識水準不高。之後再從多神教漸漸演化成一神教，崇拜上帝，認為一切皆由上帝所創。至於無神教，並不否認神的存在，只是不崇拜神，不把神當成是最高的主宰，如佛教只承認佛與法最無上，法是普遍充滿世間，佛出世時法存在，佛不出世，法仍然存在。而無神教在所有宗教中，層次排列是最高的。印度的宗教，現在流傳下來的，都是非常重要的。

從佛經裡我們知道，當時印度的思想和宗教都非常發達，經典上曾說有九十六種宗教，可知印度的文化水平和宗教意識之高，所以也可以被稱為「中國」，佛陀選了這個地方降生，也即是「生處具足」。

「種族具足」：當時的印度有種族階級之分，通常分有婆羅門、剎帝利、吠舍、首陀羅四種。婆羅門是宗教師，剎帝利是王族與宰相之類，吠舍是一般平民、工商界之類，首陀羅則是奴隸。在婆羅門教最興盛時，其階級地位最高，他們認為只有婆羅門與神最接近，其他人要與神溝通必須通過他們。

到了佛陀時代，剎帝利族已漸漸握住了領導權，所以佛陀就降生在剎帝利族裡。佛陀降生王族，與佛教提倡平等並沒有矛盾，主要的原因是為了隨順社會的型態，否則如降生為窮人，說話便沒有影響力。而他以一個王子的身分捨去榮華富貴出家修道，無形中對世間人有著一定的影響力。所以常隨著他的弟子，就有一千二百五十人。因為社會上對種族階級的森嚴，佛陀也要隨順世俗，不過他成道成立僧團後，就把這些種族階級打破了。但種族階級畢竟是印度文明根深柢固的制度，一直無法在社會中根除，直到現在，這種不平等的現象還存在。

雖然經甘地的努力，印度在法律上消除了種族階級，但是在信仰上階級的分別還是有的，不過可能比以前較寬鬆了。佛陀降生世間，選擇了尊貴的剎帝利種族，就是基於這些原因，這也是佛陀「種族具足」的功德。

「家具足」：家指家庭，當佛菩薩降生到世間的時候，他會選擇一個信仰三寶的家庭，這就是家具足。佛陀所降生的那個家庭是尊貴的且是虔誠的教徒，雖然並不一定是佛教徒，但因有信仰，家庭裡會有宗教的氣氛。以現在的情形來說，家具足就必須是信仰三寶的家庭了。

「色具足」：即形色端嚴，非醜陋等。菩薩所顯現的形相，都是端嚴而不難看的。佛陀降生時就是一個色具足的人，然後他必須有「相具足」——佛有三十二相，八十種好。菩薩雖不一定具足這些相，但在某方面所顯的都是丈夫相。所謂丈夫相，說是男眾之相未嘗不可，但以佛菩薩的境界來說，是已經超越了男女相。

佛的相好圓滿，與常人有不同的地方，這些都是佛陀修行所得的果報，如《阿彌陀經》所說的「出廣長舌相」，這是佛相之一。佛陀的舌頭長且軟，伸出來可以遮蓋面部，甚至碰到髮際。這是因為佛陀不妄語的結果，當然還有其他相好。當佛陀降生時，人們都驚奇於其相好之莊嚴，預測具足這些相好的人，含有兩種可能：一是成為轉輪聖王，即統一天下的聖王；一是成為佛陀。可見，佛陀降生時所顯現的相已與常人有異了。相好有時可以顯現其不平凡的一面，所以佛陀必須具有端嚴的相好，才能吸引人們。

「念具足」：正念不忘。凡夫常常失念，菩薩念具足，其念頭是不會轉邪或轉歪的。當然，像我們還在修習階段的時候，雖然發心修學菩薩道，念頭還是不完全純正。所以，佛陀即告訴我們要有正念，正念即是觀身不淨、觀受是苦、觀心無常、觀法無我，或者是時常念佛、念法和念僧，時時與三寶相應。佛菩薩每一刻都是與實法真如相應，所以他們行事時不會有差錯，身、語、意所表現的都是絕對符合佛法。因此，佛陀的三業就稱為三不護，這是他的正念已經具足之故。

「慧具足」：慧悟高明，對世間事物了解透澈。常人對事情的發生，往往搞不清頭緒，心慌意亂，這是觸境昏迷。佛陀的智慧具足，以慧觀照就能知道事情的真相，知道該怎麼處理。修學佛法最重要的就是得到智慧，有了智慧，就能辨別是非黑白，了解事物真相，我們的行為才會走向正道。佛陀教導吾人修行時，首先要我們有正見，正見即是智慧；對世間出世間法有正確的見解和體會，即是智慧的表現。

「行具足」：柔和調善，離過修行。凡夫的行為常有過錯，登地菩薩或證初果的小乘行人，就能做到行為不偏差，因為他們的煩惱已經斷除了。我們會做錯事，是由於煩惱作祟。煩惱是心理上的一種不好的力量，這種力量驅使我們作惡。如一個人在路上走，看到路旁掉了一張鈔票，這一剎那，是你的一個考驗，你要如何處理這張鈔票，將決定你是否已經具足了念、慧和行？如果你將它據為己有，表示你並不具足這些。如果你以消極的態度，裝作沒有看見地走開，就沒有犯偷盜戒；如果你以積極的態度拾起鈔票，想法子把它交還失主，找不到失主就樂捐，這表示你的行具足。

「無畏具足」：無有畏懼。我們有所畏懼，是因為心有罣礙；心無罣礙，即沒有畏懼和恐怖，如《心經》所說：「無罣礙故，無有恐怖。」《大智度論》說菩薩的無畏有四種：

1.總持無畏：對所學的佛法，明記不忘。故在持時，就能把佛法的意義表達無滯礙。這是由於他能把佛法住持不忘，隨時都能予以應用，故稱為總持。一個記憶力好的人，未必能看懂佛經，聽懂佛法。相反的，一個記憶力不好的人，對佛法也可能會有一種特別的敏銳，這與個人的善根因緣不同有關。

2.知根無畏：對眾生的根機，了如指掌。這是弘法度生很重要的條件，否則所教的方法可能就無效果。比如一個貪心重的人，就要以不淨觀對治。人最貪愛的，莫過於自己的身體，於是教他觀身不淨，破除他的貪執。如果菩薩不施予他不淨觀，反教其他法門，對他所起的作用就不大，也許根本用不上工夫，也可能會增加他的貪習。

佛世時，舍利弗就發生過類似的情形，他的兩個弟子，無論怎樣教導都不能成功。經過一段長久的修習，兩人都修到心灰意冷而欲還俗，即去向佛陀告辭。佛陀問明原因後，知道是方法用錯了——曾是洗衣匠的教他數息觀，曾是鐵匠的卻教他不淨觀，於是要兩人交換方法，不久兩人都開悟了。這顯示了觀機逗教是很重要的。

3.決疑無畏：即隨問能答。

4.答難無畏：對於別人的質難，都能以無畏的辯才應答如流。

有了這四種無畏，在生活上會起著很大幫助。

「覺悟具足」：開悟的人，不再貪戀世間法。

以上十種具足，是佛陀的果報才能具足的。這一段標題為「堪傳法器」，是說這十種具足是容納一切佛法的器皿，也就是說，這樣的一個人是很好的弘法人材。

第二段「成就眾慧」：

「云何得勝慧、第一慧、最上慧、最勝慧、無量慧、無數慧、不思議慧、無與等慧、不可量慧、不可說慧？」共有十種智慧。

智慧有揀擇的作用，佛法的智慧與世間智慧是有差別的。佛法的智慧並不等於聰明，聰明的人也未必有智慧，聰明人的行為有許多是違背法性、損人利己的非法行為，不管他多麼聰明，還是個沒智慧的人。他的聰明只是世智辯聰，聰明可能會帶給他好處，也可能導致他墮落。學佛者要求的不是聰明，而是能了解世間真相、分辨黑白的智慧，分辨後還要有選擇的能力，這就是智慧。

「勝慧」：超勝世間的智慧。

「第一慧」：不但超越世間的智慧，更超越小乘的智慧。

「最上慧」：揀權教故。佛陀度眾生時，根據眾生的根機深淺而說法。根機淺的眾生，不能接受無上法門，就為他說較淺的法門；根機深的當然就提供他最上的法門，因為這樣，佛法就有深淺之分了。這種智慧即是一種揀別權實教法的智慧，倘若沒有這種分辨的能力，就不能知道自己是屬於什麼根機，又適合修什麼法門了。

「最勝慧」：是佛的智慧。在所有的智慧裡，這是最殊勝的。

「無量慧」：智慧是不可衡量且是無量的。

「無數慧」：智慧沒有數目可言。

「不思議慧」：智慧是不可想像、不可言說的，我們只可在經典裡大約地知道一些，然後依照著實行；當你達到那種程度時，就會明白一切了。

「無與等慧」：智慧不可以用什麼來比較，同時世間上沒有任何一樣東西可與之匹比。

「不可量慧」：智慧是不能以衡量或比較的方法了解的。

「不可說慧」：智慧只有親身體驗才能了解，說出來的已經不是智慧的本體。真正的智慧，就像啞子吃蜜糖一樣，無法說得出來；即使說了，還是與本來的有一段距離。

禪師們用了許多比喻來說明，除了上面舉的「啞子吃蜜糖」的例子，還有說「如人飲水，冷暖自知」，他們都深深地感覺到文字的有礙。本品把智慧分成十種，主要是為了說明智慧的情況。不過，通過這些說明，我們還只是得到一個很模糊的印象而已，除非證到那個境界，否則是永遠難以明白的。

第三段「**具道因緣**」：

云何得因力、欲力、方便力、緣力、所緣力、根力、觀察力、奢摩他力、毘缽舍那力、思惟力？

這十種是修道的因緣，修行佛道若沒有因緣的幫助，是不易成就的。許多自稱學佛的人，其實根本就不了解自己在學些什麼，這是由於他們缺少了修道的因緣。一旦因緣具足，就會了解佛法的真義、佛陀降生的目的是什麼。

「因力」：具有修道的因。一般說是善根，有善根的人，稍微接觸到佛法，就會努力不懈地朝向這方面前進。沒有善根的人，接觸了佛法後，信心還是生不起來，就是因為缺少了因力。可能這是他第一次聽聞佛法，前世都沒有接觸過佛法，也可能是他聽法的因緣還短。換句話說，他所種的種子還不夠，心還發不起來。

「欲力」：是一種勝欲的力量。即當他聽到佛法後，就有了修道的希望。

「方便力」：於修道的過程中，依照修行的力量，成就悲智。因為在修學時，如果立下成佛的志願，就要度眾生，方便是度眾生所必須有的一種力量。方便有多門，但是要能適應眾生的根機，同時不違背佛法。

「緣力」：指善友或善知識。對一個學佛者來說，這是很重要的，尤其是初學者，否則就很容易退失信心；有善知識從旁誘導，就能使他在修道上精進。善知識可有許多種類，有如朋友的，有的是師長，有的是屬於外護身分的。這些良好的外緣，都是促使我們修行成功的力量，缺少了這些外緣，單靠個人單薄的力量，雖然並非不可能，但就得有非常堅強的信心，同時須經過長遠的修習才行。如佛陀，他在單獨修行之前，還是經過老師指導的，雖然他的老師所教的方法並不圓滿，卻也教給了他不少有關修行的法門，這些都可說是他的善知識。

「所緣力」：即所觀察的境界。如修不淨觀，不淨即是你要觀察的境界，你只要朝這方面多下工夫，信心會漸漸加強，定力也不斷加深，智慧時時在提高，這就是從觀察的境界而達到修行的目的。修行者對佛法要有觀察的能力，否則不容易成就。即使有了善友，還要有所緣力，不然善知識指導你一個修行的方法，而你卻不懂得如何去觀察，所修的就等於零。

「根力」：即根與力兩種。開始時是根，後來漸漸成為力。根是五根，力是五力。

五根者第一是信心，對佛法、善知識和自己要有信心。自信佛說的是真實的，善知識所教的是可靠的，自己是未成就的佛，將來總會成佛的，有了這種信心，修行就有大力量了。不過有了信心，如不假以精進，還是無法成就的，只有精進地實行所應做的工作，才有成就的可能。除了信心、精進兩種外，還要有正念、禪定和智慧，五根成就了就是五力。

「觀察力」：對事理有觀察的力量。

「奢摩他力」：即止力，也即是禪定的力量。修學佛法一定要通過禪定，否則修學的力量不會足夠。念佛就是修定的方法，當念至一心不亂時，即是定境，那時不消說往生西方，要去哪裡都可隨意往生，這是修念佛的人所應了解的。

「毘缽舍那力」：即觀想力。如作不淨觀、慈悲觀、因緣觀等，不作觀不能得到智慧。即使禪定的工夫深至非想非非想天，還是沒有智慧，終不能了生死；定力一退，又不知要輪迴到哪裡去了？所以，必須觀想宇宙的真相，當觀想成功時，智慧開發，即證得空慧，明白煩惱、智慧都是空性，於是煩惱就斷除，生死也就解脫了。最低限度，如作不淨觀，真能觀自身的不淨時，不再貪愛此身，就有辦法了。之所以輪迴不息，是因為貪戀這個身體，死後還想得到另一個身體；一旦捨了對身體的執愛，貪心不起，生死就有可能解脫。

「思惟力」：思惟佛法。聽了佛法後，要思惟其中的義理；若能再根據自己對佛法的體驗和認識，並對佛法加以整理，對佛法的了解就會更深了。因為思惟力之故，佛法漸漸成為吾人思想的一部分，進而成為吾人行為的全部。如聽聞受五戒的好處，即思惟其好處的實在性，和自己的環境是否有這個能力持好五戒？當你真正了解五戒的內容和持犯的情形後，再決定是否受持五戒。

由於先前對五戒的思惟，使得五戒已經完全灌輸在你的思想裡，持起來就得心應手了。如果不思惟就盲從別人受持五戒，後來才發現自己根本不行，這時就麻煩了。每一種修行方法都是最好的，但是如果沒有思惟力，會給搞糊塗的。只有在思惟的力量下，選擇適合自己的方法，才是最明智之舉。最適合自己的才是最好的方法，否則別人認為最好的方法，對你卻可能是最壞的。

第四段「於法善巧」：

云何得蘊善巧、界善巧、處善巧、緣起善巧、欲界善巧、色界善巧、無色界善巧、過去善巧、未來善巧、現在善巧？

之前我們曾大略地談過善巧的意義，在此更詳細地加以解說。這裡有十種善巧，第一至第四的四種善巧是一組，第五至第七是一組，第八至第十是一組。這十種善巧所說的都是流轉的善巧法門，流轉即世間的輪迴，出生入死，牛腹馬胎，上升下沉個不停。在這些情況下，到底是什麼東西在流轉？在什麼地方？什麼時候？在這段經文裡，就有很詳細地解釋。在這一品裡，經常出現佛教的名相，要詳細地加以解釋並不太容易，所以我只是大略地談談。

「蘊善巧」：即五蘊。

「界善巧」：即十八界。

「處善巧」：即十二處。

「緣起善巧」：即十二緣起。

前三種在經中常稱為三科，是佛說一切眾生的情況。五蘊是色、受、想、行、識。色是指色身或身根，受、想、行、識是精神作用；受即是感受、想是思想、行是內心行為，從而發展成為身、口、意的行為；識則是辨別能力。人即是由這些和合而組成的，也就是說，「人」是由物質和精神和合的。當把五蘊分開後，「人」也就不存在了，故說五蘊無我。五蘊和合是有，是流轉之體，一旦因緣消散了，人也就無了，這說明了人也是不可靠的。

十八界比五蘊較詳細，它敘述了六識、六根和六塵。六識是吾人認識的作用，眼有看的功能，耳有聽的功能，鼻有嗅的功能，舌有嘗味的功能，身有觸的功能，意有思想的功能。這些都是吾人心理的種種作用，這些作用的產生要依靠六根，如用眼即是眼根等。

不過，但有眼根而沒有識，也不能產生看的作用。這就像死人的眼睛，雖然張開眼，卻因無識而不能見物。有根有識，若無外塵，仍是不能產生活動作用的。外塵是色、聲、香、味、觸、法六塵，吾人可以認識的外在一切。人所以有認識作用，是因為十八界的種種作用。有時在說明上只談到六根、六塵而已，即所謂的十二處。

佛說法，有時說五蘊，有時談十八界，有時又只談十二處，其實這三者若合起來說，其內容是相差不遠的。佛這樣說法，有其特別的意義存在，如對迷著色法的人，佛即為說五蘊，告知色法只有一種，心法則有四種，而特別強調心法；如對迷著心法的人，佛即為說十二處，在十二處裡心法只有一個半，色法有十個半，其中是法塵，有一部分屬於色法，也有一部分屬於心法，而特別強調色法；如對迷著色心的人，佛即為說十八界。十八界裡有七個半是心法，其餘的都是色法，色心平均，使不偏差。

佛說法即是如此地善巧。至於十二緣起，所談的即是眾生如何在六道輪迴的情形。眾生因為有無明，無明緣行、行緣識、識緣名色……生緣老死。佛即是證悟了十二緣起而成佛的，佛是先從老死，往上推溯，最後找到無明根源；無明一斷，一切都會隨著斷除。上面四科合起來，所說的即是眾生流轉之體，當然若詳細地來說，那是相當複雜的內容。

接下來，就要談到流轉的處所。經中說，眾生流轉生死的範圍是在欲界、色界和無色界。欲界包括了地獄、餓鬼、畜生、人和欲界天。所謂欲界，是說在此界內的眾生，以欲為生存的條件。如人有許多欲，最強烈的即是五欲，在此界內的其他眾生也是如此。

色界與無色界一般說是天，不過這些天不一定就在天上，主要是禪定的工夫。色界有初禪、二禪、三禪、四禪四個禪天，無色界有空無邊處、識無邊處、無所有處、非想非非想處四空天，這些都是禪定的境界。假如現在進入初禪，我現在所處的地方即是初禪天；如入非想非非想處定，此處即是非想非非想處天了。

所以，色界天與無色界天是沒有固定處所的。禪定的境界，比欲界要高尚得多，因為欲界眾生對欲有強烈的追求，為了滿足個人的欲望，會造許多惡業。色界的眾生就沒有這種情形，他們不需要吃飯、睡覺、名譽、財物。當他們進入色界禪天時，因尚有色界色身的存在，故稱之為色界天。

無色界天的眾生，進入禪定後，色身變得很微細，非肉眼所能見，故稱之為無色界。此三界即是經中所說眾生流轉生死的地方，〈三寶歌〉裡唱道：「三界火宅。」三界有如一間著火的房子，眾生被困在裡面，必須想辦法逃出去，這個辦法是必須證得阿羅漢的果位，如此即能離開三界，了脫生死；若不能離開三界，就永遠沒法子了脫生死。

接著，經文又談到流轉的時間。眾生流轉三界的時間，經歷了過去、現在、未來。我們在過去已經流轉了無數世，現在還在流轉，未來還會繼續下去。因為一日煩惱不能斷，就必須來去個不停，至於什麼時候才會停止呢？那就要看個人所下的工夫有多少？有否真正地實修了生死的法門？如果肯定有，生死就有了期。

過、現、未是時間上的一種說法。每一個時刻都具備了過、現、未三個階段，它是不停地流轉而沒有停止的。眾生流轉的情形，不只是一世一世流轉，更是每一分每一秒都在流轉中，從過去流到現在，又轉到未來，所以佛要宣說無常的真理。無常說明了人是每一秒都在改變中的，這實相說明了眾生在三界裡不停地流轉的情形。我們如對這些理論有深刻的了解，同時能表達出來，就是善巧。換言之，善巧即是知道所有的法和其本性的空性，這點是吾人所應了解而又不易了解的。

「空」是非常深奧的一種理論，佛法自始至終都有廣略地談到空。我們從五蘊開始談，五蘊和合而有根身和精神作用，所以是緣起的。既是緣起，就沒有自性，無自性即是空，十八界或十二處的情形也是如此；欲界、色界和無色界，過去、現在和未來，都是有同樣的道理。所以，宇宙間一切能感受到、或看到的、或聽到的一切，都是緣起和合。既然如此，當然也就是無我、無常和空的；知道了這種種法的真理，更能看到其中緣起現象，甚至體會空性，這即是善巧。

這樣說來，我們現在都不夠善巧。不過，雖然一切法是空的，但對一切法的名相卻不可加以破壞。如果認為空即是什麼也沒有了，那就錯了，這種想法是斷滅空。空的真正意義是沒有自性，但它是存在的，因為緣起和合的時候，它就有可能存在，只是在這樣情況下存在，它是沒有本體的。有一些很簡單的例子可以說明，如一台錄音機，它所以被名為錄音機，是因為在這一刻，它有錄音的功能。假如有一日，它的其中一個零件壞了，失去錄音的功能，那時它就不再是錄音機，可見錄音機只是一個假名。但是我們都需要有這些假名，否則對種種形色的法該如何稱呼呢？事相的存在需要假名施設而使我們能分別，但其本性是空的。

不過，由於它是緣起的，故非實有存在，當條件和合時它有，條件分開時它就消失。以這樣的眼光來看一切法，即能於種種法得到善巧；若加以發揮，即能產生方便。

第五段「修涅槃因」：

云何善修習念覺分、擇法覺分、精進覺分、喜覺分、猗覺分、定覺分、捨覺分、空、無相、無願？

這一段舉出的涅槃因也有十種，前七種是七覺分，接下來的空、無相和無願是三種三昧。一般說七覺支或七菩提分，是小乘的涅槃因，欲證阿羅漢，要修七覺支。三種三昧則是菩薩修證佛果之因。

首先談談七覺支：

「念覺分」：即念念覺悟。吾人的念頭裡，惡念、邪念總比善念多，修習念覺分，是要吾人念念不忘善法、不失念。正念不失，就有可能覺悟。

「擇法覺分」：擇是揀擇，對法揀別，然後作出抉擇。修習佛法必須懂得分辨善惡、揀別是非，這樣才能作出正確的抉擇，然後依照正法修習。實際上，佛法經過這麼長遠的流行，有一些祖師的著作可能已有不適合現代之處，所以有加以揀別的必要，把不適合和適合現代人根機的法門揀別出來，依適合的修習、摒棄不適合的，因為我們不可能把所有的法門都接受下來，要去蕪存菁，才能發揚光大。

「精進覺分」：在佛法的修習上勇猛用功，不懈怠、不放逸。經中常說精進，是說即使所用的工夫不多，但因為每天不懈地去做，工夫會累積起來，如水滴雖微，也能充滿瓶鉢。修行也是如此，不必緊張、趕快，因為它不是一、兩天的事情，而是長遠的計畫，修行就要有這樣的決心。

「喜覺分」：於修習禪定時，所得到的法喜。修學佛法也會得到類似的情形，有時在聽聞佛法或感受到佛法時，內心所產生的愉快，並不是平常能體會的，法喜是從內心發出來的。

「猗覺分」：依禪定的工夫，就能得到輕安，故猗覺分也稱為輕安覺分。輕是身體感受輕快，安是心靈上的安樂。當一個人很累時，身體的感覺是濁重的，對什麼事都提不起勁。所以，身心的輕安對做任何事情都有很大的幫助；要真正得到輕安，就必須修習禪定的工夫，禪定的工夫愈深，輕安的覺受也會愈深。

「定覺分」：是從修習禪定的工夫裡，得到定覺分。

「捨覺分」：簡單說，即是放下。眾生最不易辨到的就是這個，即使修道上所得到的工夫，也要捨去的。當然，這並不是說把這些工夫放棄，而是說不要執著，《金剛經》云：「法尚應捨，何況非法？」如果不懂得捨，即使是佛法也會成為一種很大的累贅。佛曾比喻說，要從生死的此岸，通過生死之流，到達涅槃之彼岸，必須有船隻；當到達彼岸時，船隻就不再有用了，那時就要把它捨下，走上岸去。如果不懂得放捨，就等於上岸了還要把船背在背上一樣。修學佛法的人，有許多人就是這般糊塗，應捨不捨，還要背著，這就像已經病癒的人，還堅持要吃藥一樣，這樣很可能就會引起另一種病。

修習以上七種覺分，能使眾生轉迷成悟，證涅槃境，所以是涅槃因，涅槃就是學佛者所追求的最高境界。

再來說三種三昧，首先是「空」，觀一切法空；「無相」，觀一切法之相空，法既是空，即是無相了。「無願」，觀法相空，所以是無所願、無所求。這三種都是禪定的工夫，在修禪定時，觀一切法皆無自性，是空的；進而觀一切法相也無，縱使是佛果亦是空無的，然後達到無願求。在凡夫的境界裡一切都有，只有真正進入那種境界，才會發覺一切都是空的，這是一種相當高的境界。修習七覺支或三三昧，都是為了讓眾生證得阿羅漢的涅槃或佛的涅槃，不管是哪一種涅槃，都是解脫了。

第六段「**滿菩薩行**」：

云何得圓滿檀波羅蜜、尸波羅蜜、羼提波羅蜜、毘梨耶波羅蜜、禪那波羅蜜、般若波羅蜜，及以圓滿慈、悲、喜、捨？

十種菩薩行中，前六種是六波羅蜜，後四種是四無量心。梵語「波羅蜜」，中譯「到彼岸」，印度人在一件事情圓滿成功時，就說是「波羅蜜」。佛法裡也借用此義，說明是修學佛法圓滿成功之義。

波羅蜜共有六種：

「檀波羅蜜」：即布施波羅蜜。將個人所有的錢財、能力或知識等，慷慨地拿出來施予別人，讓別人得到利益。佛教以大眾的利益為重，所以佛陀說行菩薩道，首先要做的即是布施，因為在布施利人的那一刻，內心的慳貪就會減少。

「尸波羅蜜」：尸，即是持戒。持戒對一個學佛的人來說是很重要的，不持戒就沒有機會獲得人身，更不用說要度眾生。所以必須持戒，否則是很容易墮落的；一旦墮落，希望就渺茫了。因此，非持戒以保持人身不失不可，然後才有機會修學菩薩道。

「羼提波羅蜜」：即忍辱。當一個人發脾氣時，大眾都會感到不舒服而不願意來親近，這是度眾生的一種障礙。所以，當遭遇逆境或不如意時，就要用忍辱的工夫；甚至順境現前時，也要安忍，否則就會為之所障礙了。其實忍受逆境倒還容易，要忍受順境而不動心，就更困難了。譬如古代的帝王，多是能共患難、不能共享樂的人，舉個明顯的例子：劉邦在眾人的扶持之下打敗項羽、成立大業，但是當他登上皇帝的寶座時，又心虛害怕他的手下會用同樣的方法把自己打倒，於是便設法將許多功臣給殺了。可見，忍辱的工夫必須是順、逆境兩方面的。

「毘梨耶波羅蜜」：即精進。七覺分裡的精進，是為成就阿羅漢。這裡的精進，不只是要成就阿羅漢，更為了成就佛果。這就需要更長久的時間了，所以是盡未來際的精進，經歷無量無數劫的精進。

「禪那波羅蜜」：即禪定。修學佛法，一定要通過禪定，因為禪定的工夫能使人達到一心不亂的境界。只有達到這種境界，才有足夠的心力；心力不夠，做任何事都不易成功，因為心太散漫，力量不能集中。最基本的，看書、聽講時要專心，修學佛法就更需要專心了。所以，禪定的工夫是一定要修學的。

「般若波羅蜜」：即空慧。沒有空慧，無論修哪一個法門，都會執著有功德。其實功德亦是緣起性空的，用智慧的眼睛觀察，才會看得透、放得下，這樣成就才會更大。執著會使我們修學的工夫無法突破，達到更高的境界。

六度之後，經中又說了四無量心。慈，給眾生快樂；悲，幫助眾生拔除痛苦。當眾生有苦惱時，施予他佛法，安慰、幫助他解除痛苦，使他得到安樂。慈悲的定義即是這樣，當然太廣大的慈悲我們暫時沒有能力做到，但可以從小小的範圍開始，幫助四周的人或親友，給他們快樂，減輕他們的痛苦。喜，是隨喜。別人有值得歡喜的事時，自己的內心也感到歡喜，這並不是件容易事，因為人的嫉妒心太重了，別人歡喜自己就快樂不起來，尤其是自己的仇人。捨，無論做任何事，都要有捨的工夫；換言之，即不要執著功德。有一個很著名的故事，是敍述梁武帝初見達摩祖師時，請問祖師他度了無數人出家、建造了無數寺院，其功德有多少？達摩祖師答道：「沒有功德。」因為這些都只是人天的福報，並不是真正的功德，而且是有相的。梁武帝有執著，執著有相的福報，達摩祖師說的是無相功德，可見捨是如何重要了。

第七段「得十力智」：

云何得處非處智力、過未現在業報智力、根勝劣智力、種種界智力、種種解智力、一切至處道智力、禪解脫三昧染淨智力、宿住念智力、無障礙天眼智力、斷諸習智力？

這十種智力，是如來的十力，只有證到佛果的人才會具足，故又稱為如來十力。菩薩也有十力，不過不比佛的圓滿崇高。

「處非處智力」：處即道理。即懂得分辨事物道理的一種智力，佛的智慧可以分辨得出一切法是有理或無理的。

「過未現在業報智力」：佛具有知一切眾生三世因果業報的智力，經裡記載：一次佛看到一個正在發很大脾氣的人，即對弟子說，如果當時那人即刻死去，必定墮落在地獄。另一次，佛又見此人以很歡喜的心來見佛，佛又對弟子說，如果當時他即刻死去，必定會生天的。佛就是這樣，能知一切業報。而他的弟子修行到了某個程度時，佛也會為他們授記。如佛授記彌勒將要成佛，即說明了他成佛時的世間是如何的情形，及他將要度的是哪些弟子等，這是佛對未來事的預記。

對過去事，佛也具有同樣的能力，如佛世有一人來要求出家，舍利弗即入定觀察這個人是否有種下出家的因，結果發現他並沒有這樣的因緣，但是後來佛卻接受了他出家的要求。不久，這個人就開悟了，舍利弗對這件事感到疑惑，他曾觀察了此人的過去八萬世，都看不到他有出家修道的因緣，而佛卻能使他出家甚至開悟。佛說這是他在八萬世以前，有一世曾是獵人，一次上山打獵時遇到老虎，他爬上樹去躲避，但是老虎卻在樹下盤桓不肯離去，當時他急起來就大聲地稱念了一句「南無佛」，他就是在這樣的情況下種了出家成道的因。佛以智力觀察到他有這麼一個因，所以接受他。

「根勝劣智力」：佛有這樣智力，能看到眾生的根機是殊勝或鈍劣。對利根眾生，佛為他說高深的法門；對鈍根的眾生，佛則為他說較淺易的法門。

「種種界智力」：世間眾生種種的境界都有不同，所受業報不一樣，環境也不相同，即使是雙胞胎，雖有許多相同的業力，但也有些是不一樣的。佛對這些不同的境界，都能如實地知道，因此佛對一切眾生才有辦法。世間法裡也有類似的情形，如一個心理有毛病的人，心理醫生必須了解他的過去、家庭、所接觸的朋友和環境，因為一個人的心理不是突然造成的，當醫生知道了根源後，才有辦法治療他的毛病。佛要度的對象，也是有心理毛病的眾生。眾生的心理有貪瞋癡的毛病，如果佛沒有了解眾生的智力，就無法治療他們。

「種種解智力」：知道一切眾生種種知解的智力，眾生的境界、思想、觀點，佛都了解得很清楚。一個禪修的行者如得到他心通，也能知道對方的思想如何，這是一種心力，也可說是感應。佛的這種力量，就更圓滿了。

「一切至處道智力」：這裡的「處」，是指修行或修善業後所得到的處所；一切至處道，是指到達那個處所的方法或道路。如要來人間，就必須修五戒；要生天，必須修十善。修禪則能生色界天或無色界天，修八正道就能證阿羅漢果位，修十二因緣還滅法門能證辟支佛，修菩薩道能證佛果。對這許多的道路和方法，佛都已經很熟悉了，所以能指示眾生正確的道路。

「禪解脫三昧染淨智力」：知道種種禪定的工夫。關於修禪的法門，《大藏經》所記載的真是五花八門，最基本的有數息觀、不淨觀、八解脫、十一切處、三三昧和師子奮迅三昧等等。佛陀對這種種法門都了如指掌，因為每一種法門佛陀都曾經歷過，因此對哪一類眾生適合哪一種法門，佛陀都能以最適合的方法教導他。

「宿住念智力」：指宿命通，即有知道過去一切的能力。我們沒有這種能力，因為前一生死後可能已經過了很久才來人間，即使沒有經歷很久的時間，也已經待在母胎中十個月了。十個月中，一切都是迷迷糊糊的，待出來人間後，對以前的事就會忘記。同時這也是由於我們沒有這種智力，心力散漫的原故，人往往很善忘，昨日的事情到了今天就不再記得，或者是印象很模糊。業力使我們的精神不夠集中，因此對所經歷的事很快就會忘掉。

修禪的行者得到宿命通後，可以知道過去的經歷，有些人雖然沒有宿命通，對前一、二世的事情還會記得，這是比較特殊的情形。現在西方國家因接觸到東方的宗教，也漸漸相信有前世的說法，他們甚至運用催眠的方法，使被催眠者的意識回到前世或前數世，以了解以前的事，然後記錄下來再加以調查，結果發現是真實的存在。

「無障礙天眼智力」：即天眼通。此通有兩種作用，一是從空間上來說，天眼能見到很遠的地方而無障礙；一是從時間上來說，能見未來的事，這些都是神通。所謂神通，即是人所沒有的能力，但是可以通過修行而得到。另一種情況，是前世曾修習這一類的工夫，現在功力還沒有消失，還有作用。

「斷諸習智力」：習指習慣。人有種種好與不好的習慣，印順導師對此作了一個比喻，如一個被繩子綁著的人，經過了十年或二十年，當有一天繩子解掉了，他還是習慣把手放成被綁時的模樣，這也即是習氣。

佛陀是完全沒有習氣的聖人，阿羅漢雖了脫了生死，但是還有習氣，經中有說：佛世的許多弟子們都有各自不同的習氣，其中一個本來是很富有的人，家裡有許多奴婢，所以他常喚人小婢。當他證得阿羅漢果位時，這種習氣還是改不過來，每當他要過恆河時，都會喚為他把河水截斷的河神為小婢，河神心裡很不舒服，但是對一個阿羅漢又無可奈何！有一次河神終於忍不住去報告佛陀，佛陀要他從此不得喚人小婢，於是阿羅漢即向河神道歉說：「對不起，小婢。」可見，習氣是多麼不容易改掉。

當然，他這樣叫人並不含有鄙視的成分，只是由於多年來的習慣，使得他不叫小婢說不出話來，習氣太重了，一下子是改不過來的。只有到了佛的境界，才能真正地把所有的習氣斷除，故佛完全沒有不良的習氣。阿羅漢解脫了生死是一個完善的人，但習氣還在。

第八段「**十王敬護**」：

云何常得天王、龍王、夜叉王、乾闥婆王、阿修羅王、迦樓羅王、緊那羅王、摩睺羅伽王、人王、梵王之所守護，恭敬供養？

十王敬護，首先是「天王」，指六欲天之天王，即四王天、忉利天、夜摩天、兜率天、化樂天、他化自在天六天，每一天都各有一天王。其中四王天的天王，經中時常都會提起，忉利天的天王就是《阿彌陀經》裡所說的釋提桓因，更是法會長期聽眾；甚至他化自在天，是魔王波旬的地方，但也與其他五天一樣守護佛法。

第二類「龍王」，龍王是水裡的動物，最崇高的那一種就稱之龍王，他是水中畜生裡果報最大的，也有會飛行的。經典裡敍述了龍王如何守護佛法，甚至傳說《華嚴經》就是從龍宮取回人間的。總之，龍在佛教裡的地位相當高，因為他們是佛法的護法者。

「夜叉王」：這是一種能在天空飛行的鬼神。

「乾闥婆王」：亦屬於鬼神之一，他們的身體有香氣，是帝釋天掌管音樂的音樂神。

「阿修羅王」：是疑心和瞋心很重的眾生，與忉利天王享有同樣的福報，但因瞋心重，只能住在海邊。他時時找忉利天王的麻煩，每次都敗在忉利天王的手下，女兒也被忉利天王捉去做太太了。阿修羅雖然也護持佛法，但疑心重，對佛陀所說的法還有懷疑，如佛陀為他說四聖諦，他就懷疑佛陀可能為忉利天王說的是五聖諦。因為他對佛法的修持沒有完全的信心，又因瞋心、疑心重，所以容貌特醜，不過女性阿修羅卻很美麗。

「迦樓羅王」：是金翅鳥，為鳥類裡最大的一種，翅膀一張，就有八萬四千尺，專以龍為食物。龍王求救於佛陀，佛陀教他們把出家人袈裟上的線綁在角上，金翅鳥就不敢吃他們了。這樣一來，金翅鳥的糧食又成問題，也去請問佛陀，佛陀命弟子每逢吃飯，都布施一些給金翅鳥，他的飢荒問題解決了，就不再傷害龍類。

「緊那羅王」：也是忉利天的音樂神，〈普門品〉裡稱為非人，因為他的樣子像人但頭上有角，看似人實非人。

「摩睺羅伽王」：是蟒蛇王，有時也稱地龍。

「人王」：指人間的大小國王。

「梵王」：指初禪天，在這許多王裡頭，護持佛法最著名的就是帝釋天王和梵天王。

如果一個修行者的功德很大、修養崇高的話，就能經常得到這十種王的護持和恭敬。如中國律宗初祖道宣律師，每天所吃的食物都是四天王中的其中一王所供養的，可見他修行的功德之大，才感動天王供養。平常人修行，也能得到鬼神的護持，持戒也有戒神護持。所以修行愈高的人，障礙會漸漸減少，而守護的鬼神也因各人修行的淺深而有不同，修持最高的行者，能得到鬼王或神王的親自護持。

第九段「**能為饒益**」：

云何得與一切眾生為依、為教、為歸、為趣、為炬、為明、為照、為導、為勝導、為普導？

菩薩已經成為眾生的良伴，能饒益一切眾生。這一段經文所敍述的就是菩薩要如何幫助眾生，為眾生作救星，給他們安寧；亦為眾生之歸宿，給他們有安全感；亦為眾生之所樂意趣向，給眾生帶來火炬和光明，照亮黑暗；亦為眾生之引導，以最殊勝的法門引導眾生，更是普遍地引導眾生。總之，是使眾生跟隨自己走向佛道。對一個在佛法的道路上摸索的眾生，菩薩有為他們作指引的責任。

第十段「**超勝尊貴**」：

云何於一切眾生中為第一、為大、為勝、為最勝、為妙、為極妙、為上、為無上、為無等、為無等等？

這一段所說的十種法，是說明當真正得到一切功德時的尊貴與超越，當然這是佛或菩薩的境界。如來的功德應該圓滿的都已圓滿無缺了，故佛在所有的眾生中是第一的，這是總的說明。接下來的九種超勝，是對第一的內容的分析：佛的功德圓滿，能包含整個世界，已經達到最高的境界，所以是殊勝的。佛能從利他而得到究竟，故是最勝的；勝是自利的圓滿，最勝則是利他的圓滿。佛斷盡了所有的煩惱障，故妙；連所知障也斷盡了，故是極妙的。

煩惱障和所知障的情形是這樣的：有了煩惱障，就在生死裡輪迴，故煩惱障斷除，生死就能了脫。阿羅漢的煩惱障已斷，故生死是解脫了，但因為還有所知障，所以還不能成佛，菩薩也是同樣的情形。所知障即是對佛法裡的種種法門，還有不明之處，所以對某一些眾生，沒有辦法度化。佛陀圓滿了一切功德，學了一切法門，任何一種根機的眾生，佛陀都有度化他們的方法，因此沒有所知障。

如果往下看，沒有一個人可以比得上佛，所以是上；再抬頭往上看，也沒有人能超越佛了，所以是無上。往下看時，沒有人能與佛的境界相等，所以是無等；再看與他相等的人，也還有不等的地方。本來佛佛道同，但因各位佛的願力都不相同，有發願在娑婆度眾生、有發願在淨土度眾生的，各有獨特的一面，所以是無等等。

上面一百一十種功德，已經敘述完了。

爾時，文殊師利菩薩告智首菩薩言：善哉！佛子！汝今為欲多所饒益、多所安隱，哀愍世間，利樂天人，問如是義。

上面智首菩薩請問文殊菩薩要如何得到那一百一十種功德？文殊菩薩聽了很歡喜地讚歎說：「很好，很好。你能提出這樣的問題，實在很好。更重要的是，你這樣問不是為了自己，而是為了饒益、安穩世間，也為了利樂天人而問的。既然如此，我就要好好地回答你的問題了。」

佛子！若諸菩薩善用其心，則獲一切勝妙功德。於諸佛法，心無所礙；住去、來、今，諸佛之道；隨眾生住，恆不捨離；如諸法相，悉能通達；斷一切惡；具足眾善；當如普賢，色像第一；一切行願，皆得具足；於一切法，無不自在，而為眾生第二導師。

這一段是文殊菩薩對上面的一連串問題，先作一個總結，然後再一一回答。「佛子」是文殊對智首的稱呼，「若諸菩薩……一切勝妙功德」這一句是總說，指前面所說的身、口、意十種殊勝功德。文殊菩薩說，假如我們懂得善用己心，身、語、意業都會清淨了，就能獲得一切勝妙功德，因為心是身、語業的總和。勝是獨尊的，妙是離種種世間與出世間的，這種功德是非常殊勝的。

接下來的十句，是針對上面所說的十項功德，用句子綜合起來，再講應如何用心。

「於諸佛法，心無所礙」：是說「堪傳法器」一段。因為只有於諸佛法，心完全離去障礙，才能得到處具足等種種具足。

「住去、來、今，諸佛之道」：是說「成就眾慧」一段。因為過去、現在、未來的諸佛，成就佛道之前，必定是要成就了種種的智慧才行；沒有智慧所作的一切善行都是有漏的，不能成就佛道。

「隨眾生住，恆不捨離」：是說「具道因緣」一段。因為修道必須恆隨眾生，不捨離眾生，才有機會修菩薩道。

「如諸法相，悉能通達」：是說「於法善巧」一段。因為只有於諸法相都能通達以後，才能真正地得到善巧。

「斷一切惡」：指「修涅槃因」一段。因為這是得到涅槃所必要的條件。

「具足眾善」：指「滿菩薩行」一段。因為滿菩薩行，也就等於具足了一切善法，而最完美的善法就是行菩薩道。

「當如普賢，色像第一」：指「十王敬護」一段。因為當行者達到如普賢那般圓滿的色像時，即能得到十王的護持。

「一切行願，皆得具足」：指「得十力智」一段。因為得到了十力智後，才算是圓滿了所有行願。

「於一切法，無不自在」：指「能為饒益」一段。因為於一切法能自在地應用，才能成為眾生的依止。

「而為眾生第二導師」：指「超勝尊貴」一段。做為眾生的導師，佛是第一修菩薩道的菩薩；達到文殊、普賢那般的境地時，除佛以外，他即是眾生的第二導師，有些經典也有說是第一導師的，這是所持立場不一樣。

以下，文殊菩薩就要為智首菩薩正式解答如何用心的問題了。

佛子，云何用心能獲一切勝妙功德？

文殊菩薩在答覆問題前，又再重新提起這個問題，即應如何安住此心？要使心安住並不容易，一般我們的心都是很雜亂，多妄念、邪念和惡念的，因為我們的煩惱很重。

所謂煩惱，即不好的心理作用。經中常說，眾生最根本的煩惱有貪、瞋、癡、慢、疑、不正見。知道自己的煩惱是什麼，當起心動念時，可以觀察一下是否如經中所說的一樣，通常吾人的念頭都逃不出這幾項。好的念頭當然也有，不過比較薄弱，往往惡念力強，於是作惡的機會也較濃厚；假如善念強，行善的機會就會增加。所以，學佛很重要的一項即是自淨其意；要讓心念得到清淨，就要設法轉變自己的心念。在這方面，佛陀為我們說了很多方法，這裡所說的就是其中之一，但是要看我們如何用功？

〈淨行品〉是修學菩薩道的一個方法，經中共提出一百四十一個願，是針對吾人日常生活而發的。從在家到出家、從早上到晚上，包含了日常生活的一切行為，都有願要發。實際上，菩薩的願是非常大且深廣的。這些深廣的願，可分為總願和別願。總願如「四弘誓願」，是每一位菩薩應該有的；別願則是各各菩薩於行菩薩道時，各別發的不同的願。〈淨行品〉所說的一百四十一願，也可以說是總願，是每一位想修學菩薩道的學佛者都應該發的。假如我們能把本品當作是日常功課，是具有很大意義的，當然不只是口念，更要心思。這樣才能與經文產生相應。經常稱念本品，會發現身為一個菩薩，心胸是如何地廣大。

在菩薩的每一個動作裡，可分成內和外；內是指菩薩本身所做的事情，外則是指菩薩所接觸的外境。其次，還有能發願者和所願者，能願的是修菩薩道的人，所願的是一切眾生。第三層可分成兩個意思，也有兩種分法：有些願是為了自利，有些願是為了利他。可知偈頌不是隨便寫的，它有一定的格式和組織；知道了這些，要了解經文的內容就會比較容易。接下來的偈頌，是本品的中心點，也是最重要的。

首先，把所有的偈頌分類，第一類共有十一願，是說菩薩在家時應發的願。

第二類共有十五願，從第十二願開始至二十六願，是菩薩出家受戒時所發的願。

第三類共有七願，從第二十七願至第三十三願是坐禪時所發的願。這就不一定指出家菩薩而言了，在家菩薩也可以應用的。

第四類共有六願，從第三十四願至第三十九願，是將行披掛時所應發的願。

第五類共有七願，從第四十願至第四十六願，是澡漱盥洗時所發的願。

第六類共有五十五願，從第四十七願至第一零一願，這與出家的關係較密切，是說乞食行道所發的願。其實不只出家人，在家人在行道時，也是同樣可以發願的。

第七類共有二十二願，從第一零二願至第一二三願，是到城乞食，依托缽時所碰到的種種情形而發的願。

第八類共有五願，從第一二四願至第一二八願，是說還歸洗浴時所發的願。

第九類共有十願，從第一二九願至第一三八願，是諷誦時，習誦旋禮時所發的願。

第十類共有三願，從第一三九願至第一四一願，是洗足下，寤寐安息時所發的願。

這些看起來似乎太麻煩了，但因人的煩惱心太重，假如沒有時刻記得正念，就很容易犯下錯誤。發願不但是一種正念，也是很有意義的。在發願當中是為了眾生而發願，學習如何擴大心胸，這是學佛者尤其是學菩薩道的行者首要的條件。若心胸太狹窄，在終日要為他人的事而忙時，心卻不能平靜下來，還談什麼學佛呢？至於為什麼要把發願當成是行菩薩道的一個步驟，意義也即在此。

因為當我們在發願時，就等於是念念不捨眾生，這就是菩薩最了不起的地方。菩薩無論在做什麼事時，都不會忘記眾生的；菩薩為了眾生而做一切事情，對眾生有損的事，即使威逼利誘，他都不會去做的。

反之，如果是對眾生有益的事，即使冒生命危險，菩薩還是會去做的。因為他認為他一個人死如能利益許多眾生，是件很有意義的事，何樂而不為呢？當然，這也是一種理想，對凡夫眾生來說，並不是那麼容易做到的。因此，在我們未能做到以前先了解它，培育善的、正的念頭，以與之相應；當學習的程度提高以後，就能真正與菩薩道相應了。那時不只是發願，更能真正地實踐，真正地去完成了。

菩薩在家，當願眾生：知家性空，免其逼迫。

這是一個總願，以下的十願，都是菩薩在家時所發的願。

幾乎所有的人，都知道「家」就等於枷鎖，人都被「家」所束縛著，所以「家」給人一種逼迫的感覺。菩薩在家時，就要知道家是性空，但是不只自己了解，更希望所有眾生都能了解。「家」，是由許多成員因緣和合組成。一個「家」不可能永遠都保持一樣，它甚至是每一天都在改變中，如果這些成員分開了，「家」又在哪裡呢？所以，我們就要以緣起的眼光來看待「家」。人所以會把「家」執著得那麼深，即因為有愛，就為它所綁而產生執著；由於執著，所以要受「家」的苦。其實緣起的事物，緣聚則生，緣散則滅。能如是觀察，就不會為「家」所綁了，這是在家菩薩首當觀察的。

孝事父母，當願眾生：善事於佛，護養一切。

孝事父母，是在家居士一件很重要的事。東方文化都非常注重孝道，因為東方人都較重感情。從佛教的觀點來看，孝道是一種報恩的心理；從中國人的觀點來看，是一種責任。因為父母生育我們、教養我們，於我們有恩，孝事父母即是為了報盡這些恩惠。佛非常重視父母恩，四恩裡首先就談到父母恩，不論在家、出家，對父母都該有報恩的想法。當孝事父母時，應願一切眾生，能善事於佛，把父母當成是佛一樣重要。

在沒有佛的時代，父母即是堂上的兩尊活佛。即使拜佛拜得很虔誠，但是對父母不尊敬，拜的等於是魔，因為你的心根本沒與佛法相應。佛法要人孝順父母，身為佛教徒就必須做到這點，絕對不能推卸責任，即使父母對子女並不好。事實上，世上父母對子女都有愛心，只是有些人善於表達，有些人不善於表達而已。

孝事父母，不單尊敬父母如佛，更願一切眾生都能善事於佛。同時能護持一切眾生，把眾生當作是子女般的愛護，更把一切眾生都當作是父母般地奉養。總之，一方面我們要愛護年幼的後輩，一方面又要奉養年長的長輩，這是從佛法的觀點來看孝事父母的意義。經中常說：一切男子都是我的父親和兄弟，一切女子都是我的母親和姊妹。這樣一來，就能與一切眾生相應，當他們面臨困難或危險時，就會義不容辭地去幫助他們。

妻子集會，當願眾生：怨親平等，永離貪著。

這裡是以男子為說法的中心，因此所說的就針對男子而說。當一個有家室的男人與妻子相處時，應該願一切眾生都能怨親平等，即以平等的眼光對待所有的人。不論他是怨家或親友，佛菩薩修慈悲觀時，就觀想自己最親愛的人得到了很大的快樂，然後續觀其他的親人也同樣得到快樂；接著再擴大心胸，觀想不但親人得到快樂，其他與我無關的眾生也能得到快樂；最後，甚至是自己所討厭的人也得到快樂，這樣一來，慈心慢慢地就培養起來了。

慈悲心即是願一切眾生都得到快樂，不管他是怨是親，如能這樣觀察，即能永離貪著。眾生所貪愛的，最重要當然是自己，其次即是親友。貪愛會帶來痛苦，愛得愈深，也就愈苦。因為世上沒有一個人可以永遠相守，如果能怨親平等，貪愛就生不起來，因為所想的不再是個人而是一切眾生，因此煩惱也會減少。

佛教是一個慈悲、平等的宗教，但並不是說佛教不提倡愛，而是把愛提昇到沒有自私的成分在內。慈悲也是一種感情的作用，不過是一種已經昇華的感情，甚至可以昇華到很高的境界，與一般所說的愛有所不同。一般人的愛是占有的，失去時瞋心也就生起來了。慈悲心不是占有，只希望別人能得到快樂，自己就有無限的歡喜。

若得五欲，當願眾生：拔除欲箭，究竟安隱。

五欲有兩種說法，一是財、色、名、食、睡五欲，一是色、聲、香、味、觸五欲。先說前一種：財對人一直以來都有著很大的誘惑，貪財似乎是人人都會有的心理。色在佛教裡有多種意義，在五欲裡的色是指男女之間的色欲，色欲是人的一種本能。名是名譽，人對名聲的追求，絕不遜於對財物的追求，只要是有機會出風頭，都不會放過的，內心對這些會感到無限的歡喜。食是人類維持生命所必要的，餓是一種病症，食是醫治的方法。可是如果吃的目的超過這個範圍，為了貪吃美食而食，就變成是一種食欲；為了滿足食欲，往往會做出許多不合理的事。睡眠也應該適當，過分的睡眠不但浪費時間，對身體健康也不好。

在這五欲裡，食與睡二欲是無法避免的，財、色、名對某些人來說並不太需要，某些人卻視之如生命。而佛法說五欲的目的，是要我們不要貪著，不要受它所束縛。人生在世，需要欲才能生存，完全棄之不顧是不可能的。只要不是過分地追求，如古人所說的「君子愛財，取之有道」，並不是件壞事。

再說第二種，色、聲、香、味、觸等五欲也是外塵，即前五根——眼、耳、鼻、舌、身所緣的外塵。因這五塵在五識了別時，容易引起意識的貪欲而產生種種的欲行，故也稱為五欲。此五欲的作用比前面所說的要細一些，有時我們也不易發覺，而欲行已化為行動了。

在家菩薩得到五欲時，應該當願一切眾生，都能拔除欲箭。欲如一把箭，這把箭射中吾人的內心深處，於是為欲所纏縛，不能解脫生死，且會因此產生許多苦惱。吾人所有的煩惱都是由五欲所產生，拔除了欲箭，就能得到究竟的安穩。真正能斷除欲箭的人，有很高的境界，至少已經到了阿羅漢，才能根本斷除。

伎樂聚會，當願眾生：以法自娛，了伎非實。

伎是提供娛樂的人，伎樂指所有的娛樂。當有伎樂的集會時，當願一切眾生，能以佛法做為最高的娛樂。因為娛樂為的是精神上的需要，而佛法也同樣可以使精神得到滿足。如看電影是因為感到空虛，若能以佛法滿足他，戲對他就不再需要了。因為這些娛樂都不是實在的，如看戲就像一陣過眼雲煙，看完後什麼也沒有，可能還要賠上一把眼淚。所以，要能觀察這一切都是虛妄不實的，就連自己的一生也是一場戲而已。這樣觀察，執著就不深了，生活也較充實，心胸會擴大。

若在宮室，當願眾生：入於聖地，永除穢欲。

宮指皇宮，室是一般人的家宅，這一偈包括了國王與平民。當我們在房內時，當願眾生，都能像進入聖地一樣。在聖者的境地之中，就能除去污穢的欲望，否則穢欲會染污我們的內心，帶來許多苦惱。淨穢之間，當然我們喜歡選擇清淨的一面，所以就要先除去污穢。接下來的五偈，是在家裡做的一些事情。

著瓔珞時，當願眾生：捨諸偽飾，到真實處。

瓔珞是裝飾品，戴在頸項的是瓔，戴在身上的是珞。當你在裝飾、打扮自己的時候，當願眾生，都能捨去虛偽的裝飾。佛教講的是真實，要得到的也是真實，所以要恢復自己本來的面目。當在裝飾時，要不被它所迷惑，要捨去對它的執著。

上昇樓閣，當願眾生：昇正法樓，徹見一切。

當步上樓閣時，當願一切眾生，都能上昇到佛法的樓閣。把佛法比喻如樓閣，也即是說要往上昇，節節進步；當步上佛法最高的樓閣時，就能徹見一切了。所謂「欲窮千里目，更上一層樓」，佛法的樓閣，上得愈高，看得愈遠、愈透徹，因為佛法所談的都是人生真理，覺得佛法愈深，對人生就有更透澈的了解。那些修行境界昇高的行者，已經體會到佛法，所以能顯現世間的一切都是緣起而不再執著。

《八十華嚴》中的〈入法界品〉裡說，善財最後到了彌勒菩薩的樓閣，這是一個非常莊嚴的地方，所有的佛法都包含在裡面。到了這樓閣，就表示已經到了很高的境界。

若有所施，當願眾生：一切能捨，心無愛著。

當在做布施時，應該願一切眾生，能把他們的一切都學習捨掉。因為如果沒有捨心，就不會做布施的工作。布施是把自己所有的東西送給別人，對一些慳貪的人來說，是多麼不可思議的事。所以，必須是有捨心的人才會布施，而這種捨並不是小小的捨，而是一切都能捨，包括自己的身體。當然在生時，這不容易做到，那至少在死後能捨，如捐出自己的眼角膜、腎臟等。

我曾聽過一個真實的故事：有一對雙胞胎，生下來就被分開了。到了五、六歲時，弟弟的腎臟壞了，如果不換腎，就有生命的危險，但必須是與他有親密血統關係的人所捐獻。於是他的家人即四處打聽哥哥的下落，後來雖然找到了，可是他還只是一個小孩。

於是醫生找來一位律師，證明這個孩子答應捐腎。當醫生詢問孩子是否願意捐出一個腎臟時，他毫不猶豫地答應了，並且說要捐出他的右腎，因為他覺得自己的右手比較靈活，右腎一定比較有力。醫生和律師聽了，感動而流淚。小孩雖然天真，但他純樸的心靈，竟然會想到將最好的送給弟弟，這就是菩薩心。菩薩心即如小孩純樸、天真的心，總是先想到眾生的利益比較重要，自己只是其次。

當然上面的例子，世上很難遇到，但是一個學佛的人，如果連小孩也比不上，死了也捨不得捐出自己的器官，實在應該感到慚愧才是。

當深入佛法時，就會覺得這是一件多麼有意義的事了。在生的一日，不能捐出器官，至少可以輸血救人。要做到這些，心一定是無愛著才行。如果只想到這些都是屬於自己的，要把「我」的東西送給別人，實在不易做到，這是因為愛著太深了；假如能淡化些，就不會吝嗇布施了。在這個偈頌裡，從布施說到一切能施，從淺的布施到深的布施。

眾會聚集，當願眾生：捨眾聚法，成一切智。

當大眾聚會時，應當願眾生，捨去眾聚的五蘊法。五蘊和合而有身體，有了身體，跟著而來的就是苦。五蘊，前面我們已經談過了，欲捨去苦惱，須捨去眾聚法，看透和合法，這樣一切都方便多了。如阿羅漢，已經捨去了色身，所以只要他想離開人間，即刻能離去。

但是，凡夫對色身還有很深的愛著，所以到了臨死的一刻，如果他可以表達得出來的話，他還是會說不願意死，而帶著這樣的心情離去，並且再去製造另一個新生命。輪迴就因為這個貪戀，如果在死的那一剎那，能了解到五蘊的假合而不再貪戀，這樣生死就能解脫，也就不再輪迴於生死之間了。做到這一點，能成一切智，一切智是阿羅漢的境界。阿羅漢涅槃後就不再輪迴，因為他觀五蘊皆空，成一切智——空智。

若在厄難，當願眾生：隨意自在，所行無礙。

當發生苦難或災厄時，應該先忘記自己、想念眾生，願眾生都能隨意自在，所行無礙。有困厄所以不自在，這些厄難有外在的也有內心的。內心方面的是有罣礙，而有恐懼心等；外在方面的是不如意事或天災人禍等。當這些事發生在自己身上時，要透澈地觀察，不要因此消極，並希望所有眾生都能脫離厄難、隨意自在，所作所為都不會有障礙。

以上十一個頌，與在家人的關係較密切，在家居士們應該更為注意。接下去的十五個願，是菩薩出家與受戒時所應該發的。

在談到十五個願之前，我們先談談有關出家的一些情形。佛教非常注重出家，其實不但佛教如此，其他宗教都會有出家的宗教師。尤其是印度，在佛世時代，出家是一件非常尊貴和重要的事。佛教創立在那種時代和環境，當然也很重視這種制度。這種制度從佛本身開始，同時佛告訴弟子們，要成佛或阿羅漢，非出家不可。換言之，只有通過出家，才能證得涅槃。在家人也可以了脫生死、行菩薩道，但是要證到最高果位，就一定要出家。在家修行，在二乘方面只能證到阿那含果，不過當一個在家行者證得三果時，自然他就想出家，繼續修證四果。

在大乘菩薩道方面，他可以一地一地修證上去，但是要證得佛果，就一定要出家，可見最高的涅槃法是必須出家的。出家制度流傳到後世，同樣受到重視，不過經過時間的流傳和區域的不同，現在我們所了解的出家制度，有些地方就有了分別。尤其是中國佛教與斯里蘭卡、泰國等地的出家制度，有著相當大的分別。南傳佛教出家，是受沙彌戒和比丘戒。中國佛教除了受這兩種戒之外，還多了一種菩薩戒。因為流傳到中國的佛教是屬於大乘佛教，既然是大乘，就要修學菩薩道，因此就要修學菩薩戒，受持菩薩戒；而菩薩戒的作用，就是要啟發菩提心。

南傳佛教的受戒儀式很簡單，並不如中國佛教的複雜，因為他們受戒時只有一人或兩人。北傳佛教的受戒儀式則非常繁瑣，通常要用一個月或半個月的時間才能完成。例如民國初年，寶華山的戒期要五十多天。在這五十多天裡，學的都是規矩，單單一堂念誦，儀式就夠多了。這些規矩和儀式，是佛教傳入中國後，為了適應中國人而設立的。其中以出家的儀式最為繁瑣，其他還有念誦、禮拜，甚至吃飯都定有規矩，為了學習這種種規矩，所以出家戒的儀式就變得很繁瑣。

南傳佛教與中國佛教，還有一點不同的是：南傳重視持齋——過午不食，但是中國佛教不重視持齋而重視吃素。所以，當你看到南傳比丘吃肉時，不必感到驚奇，因為他們是被允許吃葷食的。如果你看到他們過午後吃，那才是驚奇。

佛陀時代也是重視持齋，因為下午多是修持的時間，如果再去托缽很不方便。所以，佛陀定了下午不托缽的規矩。這個規矩流傳到斯里蘭卡、泰國和緬甸後，他們都保留著且非常重視；而傳到中國後，中國人不容易做到這一點。這有幾個原因：第一，南傳佛教可以托缽，但是晚上吃飯不方便，所以不吃；而中國的出家人沒有托缽這種習慣，都自己煮食，因不能煮肉食，就開始吃素。第二，南傳佛教流行的國家都是熱帶地區，下午不吃沒有什麼大問題；而中國尤其是北方，氣候寒冷，一餐不吃，熱能不夠，很可能就受不住。

中國佛教的出家人，非常重視他們的三位師父，第一位是法師，即傳法的師父。因為中國佛教注重傳承，有傳法的制度，如天台宗、禪宗等，他們認為佛法是世間最尊貴的寶貝，傳法即如國王傳位予太子一樣。不過，也有些宗派並不重視傳法。

第二位是戒師，即受比丘（尼）戒時的傳戒師父，或稱戒和尚。同樣的，戒師傳授戒法，弟子從他而得到戒法、戒體，成為正式的出家人。沒有戒師，是否能得戒呢？依據小乘的七眾戒，是不可能的。依菩薩說，則是可以的，我們可以直接向釋迦牟尼佛求受，但並不容易，必須每日在佛前懺悔禮拜、發願受戒，至有瑞相出現才算是得戒。若從師受，有虔誠心就能得戒了。戒法即是如此，從佛陀開始，一代一代地流傳下來，這樣就顯得戒師的重要了。

第三位是剃度師，即度你出家、為你剃度及舉行出家儀式的師父。

因為中國佛教重視傳承，而這三位師父負責傳法給弟子，一位傳心法、一位傳戒法、一位傳出家法，所以地位就很重要了。

本品關於出家的十五願，說的都是印度的儀式，因為本經是從印度傳入之故。

捨居家時，當願眾生：出家無礙，心得解脫。

出家必須先捨去家庭，佛教所說的出家有三種：

1.捨去世俗之家。離開父母、兄妹、妻子、丈夫等親友，過個人的修行生活。

2.出煩惱之家。佛教所說的出家，不但是要捨世俗家，還有內心的枷鎖要除，那即是煩惱，這才是學佛的究竟法。因為世俗家只是世間上的一種枷鎖，煩惱才是真正把眾生綁住，令眾生在六道裡流轉而不得出離的枷鎖。

3.出三界之家。一切眾生進出於欲、色、無色三界中，無有停息。出家就要出三界家，超脫三界之外，始能了脫生死。

這首偈是說離開世俗家時，應該發願，希望一切眾生都能學習出家法門。出家是無礙法，可是出家不易，尤其在這個末法時期，出家的障礙很多。早期佛陀時代，聽了佛陀說法，想出家修道就立即出家了；甚至善根深厚者，出家三、五天就可以了脫生死。但是現世的眾生要出家不易，父母的束縛、家庭的約束，都是出家的障礙。這是由於末法眾生的業障很重，形成種種障礙，礙著我們修學一切善法；尤其當一個人要求受比丘

（尼）戒時，這種障礙更多。

我曾聽說有些人在臨受戒前夕，害起大病而無法受戒，待受戒儀式一過，病又好起來了。我親眼見過一個求受具足戒的人，在受戒前幾天突然逝世。這些都是業障重的例子，這可能是前世的怨家債主為了報仇，抓緊每一個報復的機會，因為如果一個人出了家受戒後，就不能向他討債。所以，你一定要在受戒前償還所有的債，否則他會想盡辦法阻礙你。因此，當我們有機緣出家，就應該願一切眾生都能出家，然後心得解脫。

上面曾經談過，最高的解脫法必須通過出家，不管是沙門四果或菩薩道的佛果，而且不只是身得解脫，心也得解脫。這是不容易的，如心得解脫，一切就無礙了。佛陀的聖弟子們，都是已經解脫得到無礙的了。

入僧伽藍，當願眾生：演說種種，無乖諍法。

出家須離開俗家，到寺院去，所以第二頌就說到僧伽藍時所發的願。僧指僧眾，伽藍是園或寺院的意思。伽藍是由和合僧眾住持，故稱為僧伽藍。守護寺院的護法神，就統稱為伽藍菩薩。當來到寺院要求出家時，當願一切眾生，都能演說種種妙法，如以僧團為標準，妙法是指六和敬，即團體生活的法門——經濟要平均，思想要一致，見解相同，同修戒行。假如在經濟、制度和思想三方面都能和合，身、口、意三業就能和合。

這六種和合方法若能在寺院或團體裡實行的話，這個團體就能得到種種和合，沒有乖背、諍論。一般團體會搞得雞犬不寧，即由於身、口、意三者不能和合。在僧伽藍裡，這種情形是不允許也不應該有的。因為僧眾是和合眾，僧伽藍是和合的團體，在思想上同是接受佛陀的教誨，制度上同樣受持佛陀所制的戒律，在經濟上同是以團體利益為主，這樣一來，團體的和合是不成問題的。

詣大小師，當願眾生：巧事師長，習行善法。

進入寺院，要拜見寺裡的大小師。在佛世時，大師是指佛陀，小師指接引出家的師父。如比丘（尼）受戒要有三師七證，少一個也不行，即使在邊地，至少也要有兩位師父為證明。這十師即是小師，但是現代的大小師有了些許改變。因為佛陀已入滅，所以現在的大師即是戒壇三師、七尊證則是小師，這在南北傳佛教都一樣。當拜詣這些大小師時，當願一切眾生，都能善巧地奉事師長。

我們稱呼那位為我們剃度的出家人為師父，這有兩重意義：一是代表老師，一是代表父親。所以，師父一面要負起教導的責任，一面也要負起照顧的責任。當一位師父，責任是多麼地沉重！弟子如不能體會師父的心、不好好奉事師父，是多麼地對不起師父！所以，應當巧於奉事，在家要孝事父母，出家就要奉事師長，跟從師父學習修行善法。佛是崇高圓滿的人，已經成就了所有善法，學佛法就要先學這一點。如學佛後，行為有改進，才能感動別人，否則只有增加別人對佛法的毀謗心。

求請出家，當願眾生：得不退法，心無障礙。

拜見了所有的大小師之後，就向師父們求請出家。雖然現在的中國佛教，出家已經不需要求請，但在出家受戒的儀式上，還保留這個儀式，這是為了表示出家的真誠。在中國佛教裡有一個著名的例子，即達摩傳法神光（慧可）的故事。所以，向師父求請出家時，當願一切眾生，都得到不退法。

出家不容易，出家以後更不容易。所謂「未披袈裟前，事情已經夠多了，披上袈裟事情更繁重」，順治皇帝曾作了一首〈讚僧詩〉：「百年三萬六千日，不及僧家半日閑。」實際上，出家要做的事太多了，真發心出家者除了要負起弘法之責外，還要修持，時間根本不夠分配，即使一星期工作七天也不夠。而修行不能停頓，弘法的工作也不能停頓，因此對出家意義了解不深的人會感到後悔，最後只好退出。所以，當自己有機會出家時，就該願一切眾生都得到不退法。

不退法有多個層次，首先是信不退，然後是位不退，還有境界不退；而最基本的是要達到信心不退，也就是不管遭遇任何打擊，對佛法僧的信心還是不會倒退。出家學出家法，就更不應倒退，而應在這條不好走的路上勇敢直前，因為只有這樣才能了脫生死。為了了脫生死、廣度眾生的大事，什麼障礙都障不住我們的心。心的障礙有很多，學到某個階段，種種的障礙就來了，這些障礙都來自內心，當然也有外來的，總之是障礙我們的學習。所以，應該願一切眾生都得到不退轉的境界。

脫去俗服，當願眾生：勤修善根，捨諸罪軛。

出家就要脫去俗服，換上僧裝。當脫去俗服時，觀想俗服就像罪惡一樣，脫去俗服就像捨去所有的罪惡。當然真正捨去所有罪惡，是非經一段長時間的修持不可的。這裡說的是一種願，而且不只是願自己，同時也願一切眾生，都能勤修善根；只有根長得堅強，樹才會穩固。

所以，必須精進修持以增長善根，捨去所有的罪軛，包括不好的身業、語業和意業，就像脫去俗服一樣，沒有猶豫，永不回頭的。眾生對罪惡比較容易產生貪愛，染上壞習慣要改過來就不容易了。煩惱從無始劫以來就跟隨著我們，沒有一刻離開過，現在一旦要把它捨棄，更非下一番工夫不可。當捨的時候，要真正地捨去，不要再有任何執著。

剃除鬚髮，當願眾生：永離煩惱，究竟寂滅。

出家就必須剃除鬚髮，一般說頭髮有如煩惱絲，其實頭髮剃除了，並不就是煩惱除了，只是象徵上有這樣的意義。不過，在日常生活中，出家剃除了鬚髮，至少就不必為頭髮而煩惱了。然而真正要剃除的是內心的煩惱，這才是最究竟的。要使煩惱究竟寂滅，在剃髮時，第一要願斷一切煩惱，第二要願修一切善，第三要願度一切眾生。

著袈裟衣，當願眾生：心無所染，具大仙道。

袈裟的意義即不正色、壞色，表示這種衣服的顏色是不鮮豔、不純正的，是常人所不喜愛。

佛世的出家人若無人供養或修頭陀行，他們的袈裟都是取自死人的身上，或拾取別人丟棄的衣物縫製而成的。因為有多種顏色，所以再用樹皮煮成染料，把袈裟染成統一的顏色，故袈裟又稱為染色衣。總之，袈裟的顏色都不是鮮豔奪目的，這是為了防止貪心之故，因為貪會使心染著。為了減少貪念的生起，出家人穿的都是壞色衣，使心不染著世間法；只有心不染著世間法，才能具足大仙道。

所謂大仙，指佛陀。仙的意義是山人，佛陀曾在山中修行，故也稱仙。所不同的是，一般仙人還未了生死，而佛陀已經解脫了生死，故稱為大仙。欲成就佛道，具備佛道的資糧，就要捨去世間法；欲捨世間法，心就不可有任何染著，有染著就捨不去。眾生不能解脫生死，即因為心有染著。人要死的當兒，不能捨棄自己的身體，不能捨棄所愛的衣服，不能捨棄金錢、妻子、孩子等等，試想這麼一個人是否可能了脫生死？不可能！因為他對世法的染著太深了，一定還會再來世間的。假如看透世間不過是大夢一場，一切都是空幻，視死如歸，這樣解脫就有望了。阿羅漢解脫了生死，來去自如，不受約束，解脫的意義就是如此。淨土宗的預知時至，意義也是如此。

禪宗裡有這麼一個故事：一位祖師問其弟子，當他死了會不會拜祭他？弟子們都說會。祖師又問拜祭時的食物，他是否真能享用到呢？弟子們答說不知道。祖師即說自己不久將死去，吩咐弟子先拜祭一番，弟子們便依照師父的意思行動。當祖師接受過拜祭後，真的就入滅了。

另一位禪師問弟子們是否見過死人？弟子答說見過。禪師又問死有多少姿勢？弟子回答有躺的、有站的、有坐的，不過沒見過倒立的。禪師即把身子倒立，當下就入滅了。後來弟子們想把師父的遺體入棺，卻無法搬動其身體。禪師之妹是一位比丘尼，聽說這個消息後，即來見其兄，罵他生前作怪，死後還是那麼頑皮，經尼師這麼一罵，遺體就可以搬動了。這些修行者都能來去自如，把死當成是兒戲一樣。

所謂遊戲人間，這就要心無所染才能做到那麼灑脫。所以，當著上袈裟的那一刻，就要發這麼一個願。

正出家時，當願眾生：同佛出家，救護一切。

當出家時，要願一切眾生，都能跟隨佛陀出家。欲證佛果，就必須出家，故出家是成佛的根本因緣。所以，有機會每個人都應該學習出家法，最少要能學習八關齋戒法，為出家先種下一個因，也是種下涅槃之因。出家以後，要負起救護一切眾生的責任，因為所有的眾生都與我們有密切關係。

自皈於（依）佛，當願眾生：紹隆佛種，發無上意。

每當課誦將要完畢時，都會念誦一段〈皈依文〉的偈誦，這裡的皈依佛一頌，與平常念的有一點不同，通常念的是「體解大道，發無上心」，這是《六十華嚴》的版本，因為是最早翻譯，所以課誦本都採用這個版本，後來的課誦本也有採用《八十華嚴》版本的頌文。

當念誦三皈依時，當知道三皈依是一體而不可分割的。若把三皈依分開，佛法就不具足了；三寶不具足，所皈依的也就不具足了。佛寶如醫師，法寶如藥，僧寶如看護，要醫治煩惱病，這三者缺一不可的。所以皈依時，必定是皈依三寶而不可忽略了其中一種。

另外，僧是一個團體，故皈依僧並不表示皈依一位師父，而是皈依整個僧團。所以，每一位僧人都是三寶弟子的師父，因為他們都是僧團裡的一分子；而所皈依的那一位師父與求受皈依的人有比較密切的關係，由他直接代表僧團接引受皈依者的皈依。因此，受皈依者可以直接向這位師父學習，其他師父如有親近的因緣，當然可以跟隨他學習，沒有這段因緣的，也應當以平等心尊敬供養。即使是已經出家的佛弟子，雖已經是僧團的一分子，還是需要皈依三寶，這樣才能顯示出三寶是一體的。

當皈依時，當願一切眾生，都能紹隆佛種，發無上意。即要盡力把佛法介紹給世人，使佛法興隆起來。總之，當皈依了佛以後，就該弘揚佛法，把菩提種子撒到世界上的每一個角落，讓每一個眾生都有機會種下成佛的種子。做這樣的工作，必須要發無上的心，即成佛心或菩提心，因為成佛的境界是至高無上的，發成佛心也是發最高無上的心了。欲紹隆佛種的人想成就佛果，要發無上心，而每一位眾生也應該有成佛心，同樣要發起無上心。

自皈於（依）法，當願眾生：深入經藏，智慧如海。

當皈依法後，就該深入經藏，依照佛陀的教法學習。為了實踐佛法，要先了解佛法，深入經藏能啟發大智慧，它就如大海般地無邊無際。通常我們所接觸到的經典，只是經藏中的一小部分，其他如六百卷的《大般若經》、八十卷的《華嚴經》等深度的經藏，若能真正深入去了解，所得到的智慧就有如大海般廣闊。經典所包含的意義是深且廣的，對佛法的了解愈深，對修行法門就懂得更多，也就比較能夠深入佛法了。

自皈於（依）僧，當願眾生：統理大眾，一切無礙。

僧是一個團體，責任是統攝大眾，大眾和合在一起修行，一切眾生就能得到無礙的法門。假如僧團能和樂清淨，佛法即能廣泛地流傳到各地，眾生也因此得到各種無礙的法門，若能加以修行，即能證得涅槃無礙的境界。所以當願一切眾生，都能統理到僧團來，從而得到無礙的法門。大眾和合在一起修行，進度會較快，個人修持的力量較弱，進度就會稍慢。我個人就有這樣的經驗：在禪堂裡參加禪七，二、三十個人同在一起修行，心靜得特別快；離開禪堂後，境界就不同了。因為大眾一同用功的力量感應道交，因此氣氛不同；而單獨用功的力量弱，又無人與之感應，所以不易成功。

這一頌在課誦本裡，後面都多了一句「和南聖眾」。在原文是沒有這句的，不知是什麼時代的人加上的？它的意思是說頂禮僧眾的一個動作，照現代的寫法，應該加上一個括弧，不過古代的寫法沒有括弧，後代即以訛傳訛，變成是念誦的一句話了。皈依三寶是每一個學佛者都必須做到的，出家學佛也不例外。當出家時要先皈依三寶，受五戒前也要皈依三寶，所有的儀式都一定有皈依三寶這一條；也即是每受戒前，都得先受三皈。

受學戒時，當願眾生：善學於戒，不作眾惡。

戒的層次有多種，在家人有五戒、八戒，出家人有沙彌（尼）十戒，比丘二百五十戒、比丘尼三百四十八戒。受學戒法時，當願眾生，不但能受戒，更能善於學滿戒法。戒是止惡防非的意思，如五戒都教人不要殺生、不要偷盜等，禁止受戒人去做壞事。

受闍黎教，當願眾生：具足威儀，所行真實。

受戒時有兩位師父，其中一位是阿闍黎，中譯「規範師」，即教授規矩與律法的，目的是訓練吾人的威儀。當受教於阿闍黎的教導時，當願一切眾生，都能具足威儀。因為這樣所行的一切，才會是真實不虛。威儀也包含了戒行，在戒行和威儀的具足下，所行一切當然是真實的了。

受和尚教，當願眾生：入無生智，到無依處。

和尚是佛教裡很尊重的一個稱呼，即對親教師的稱呼。他負責教導弟子各種法門，印證弟子的修持。當接受和尚的教導時，能令入無生智，了脫生死，到達無依止之處，即空的境界。

受具足戒，當願眾生：具諸方便，得最勝法。

這是出家最後一個階段，即比丘受二百五十條比丘戒、比丘尼受三百四十八條比丘尼戒，這時所有的戒行都具足了，故稱具足戒。如能完全實踐具足戒，即表示所行所持的已是非常完善，具足一切功德。可是這不容易做到，因為我們對日常生活的許多細節多不注意，而這些戒都注意到了，所以實踐起來，開始時會感到困難，不過對道心堅固的人來說，是不成問題的。如近代的弘一大師持戒態度之嚴密，非一般人所能比得上的。

假如站在大乘佛法的立場來說，比丘（尼）戒加上菩薩戒才是具足，因為只有修學菩薩道、成就佛果才是最圓滿的；具足戒可說是包括了所有應該受持的戒律。當受具足戒時，當願眾生，都能具備了方便。方便是為了要了脫生死，菩薩應亦具有「方便為度眾生」的方法，當這些都做得圓滿時，就能得到最後殊勝的佛法——成就佛道。從開始出家到受具足戒所歷的層次，都是為了成就菩薩道。

第三部分共有七個願，或者說有九個願，其中兩個是可以配合在第三段裡，同時也可以配合到第四段。第三段是從第二十七願開始，說明作禪觀時應發的願。

若入堂宇，當願眾生：昇無上堂，安住不動。

坐禪須有一個好的場所，如果場所不理想，修行的工夫就差了，因為會受到許多外境的影響。一般打坐的地方都是在堂宇，在以禪宗為主流的中國叢林都有一個禪堂，當入堂宇時，當願眾生，都能登上無上的堂宇，同時能安住不動，因為禪定即是要一心不亂的。

禪在佛法裡是一個很重要的法門，因為打坐的主要目的是為了修學禪定，一般人即因為沒有定力，發生任何事情都會受到左右和影響，也容易受到外境的干擾。我們只要看看自己的內心無時不在亂轉念頭，這即是定力不足的明證。完全沒有修行的人，連自己在打妄念都察覺不出來，只有修學打坐的工夫才能降伏它。凡修過這個法門的人都會經驗到，在未打坐前，自覺什麼妄念都沒有，一坐下來，妄念就多得不得了。其實不是打坐使妄念增加，而是使它明白地顯露，如流動的河流看不出有污垢，當把水盛在杯子裡，就會發現其中有許多污垢。我們的心也是一樣，只要稍微定下來，就會發現自己原來有這麼多妄念。

當自己可以發現到妄念的存在時，已經比以前有進步了，但是有許多人往往就在這個時候，抵擋不住妄念和煩惱的干擾而退心了。只有通過禪定的工夫，才能克服這個難題，因此佛教很注重禪定，甚至說，在所有的法門裡，修禪定是最重要的一部分。缺少了禪定，無論是念佛、持咒等修持的工夫將無法達到理想，都只是散心工夫，甚至會忘記自己在做什麼，所以念佛都需要念珠來提醒自己。

以散心來修持，工夫做不好，效果也不大，最多只能種種善根，這就是心不能集中之故。如已經修習打坐的人，只要稍微用心，精神即能集中，無論念佛、拜佛都能專注，這樣一來，功效就大了。世間上有些人心力特別強，把燈泡放在其手上，燈泡就能亮起來，這即是他的心力集中所致。神通的情形也是如此，可以說神通即是禪定工夫到家了，心力集中加強，能超越人所能為。

修學佛法是一件大事，為了解脫生死、成就佛果，小事尚必須專注才能成辦，如此大事又怎可不專注呢？所以必須通過禪定，再以定力作觀，效力就強了。平常讀經，雖然了解了，但只是文字上的了解。只有通過禪定，達到經中所說的境界，親自去體驗它，那時才是真正屬於你的境界，這時即能了生脫死。不過還有一點要了解的是，禪定雖然是佛法重要的一環，但只是一種法門或手段，並不是目的。得定只是為了藉定力開發智慧，這是佛教修定與外道修定不同之處。禪定工夫即使更深，並不能解脫生死，只有通過禪定修習智慧，才能真正地解脫。

所以佛教不強調神通，因為神通雖可助於度眾生之用，卻不能了生死。戒、定、慧是修學佛法很重要的三增上學，若脫離其中之一就有危險了。如不持戒，行為即不端正，可能修定後反而成了外道。因此，必須以戒為基礎，行為才合乎道德標準；以純正的行為來修禪定，得到的才是正定，再作觀想就能得到正慧。如果修戒和慧而不修定，這種慧只是普通的慧，力量不大，如蠟燭之火光，若拿到室外去，是不堪大風一吹的；若在室內，就有照亮的作用。所以須有定力，智慧的作用才能盡量發揮。

如果有戒、定而無慧，就不能了脫生死，必須三者具足，才是真正修學佛法。三學是並重而不可偏廢的，不過可以特別著重在一方面，但萬萬不可偏廢。若廢去任何一學，學佛的目的就無法達到了。所以前面談過受戒後，現在就要談修定，然後再談修慧。定介於戒與慧之間，使二者配合，通過定親自體驗空性，就能了脫生死。

修學的堂宇，最好是設在人少幽靜的地方，經上說「聲為禪刺」，聲音對修禪者是很大的障礙，所以古代的寺院禪堂都建在山上叢林。

若敷床座，當願眾生：開敷善法，見真實相。

進入禪堂打坐之前，先把床座鋪好，古代都把床座當椅子來用，通常坐禪也是在床上的。當鋪好床座時，當觀之如開敷善法一樣，見到真實之相。不但自己如此，同時願一切眾生都能如此，見到真實時，就是解脫了。

正身端坐，當願眾生：坐菩提座，心無所著。

打坐有一定的坐法，因為如果坐姿不能適應身體的構造，就不能安住在舒適的情況下，身體不適，坐時就會有不舒服的感覺。坐時，要把身體的重心放在中間，腰須挺起，但不是挺胸，腰挺直，脊椎骨才能垂直，這樣身體的重點就剛好在跏趺坐的三角支點中間部位，這樣坐起來就會舒服。所以，打坐時必須正身端坐，如古語說的「坐如鐘」的姿勢，這時要願一切眾生都坐在菩提座上，即覺悟的座上。坐在這個座位上，表示即將要開悟了。

佛陀成佛時所坐的座位是金剛座，也可稱為菩提座，因為那是佛陀成就佛道時的座位。所以，打坐的人對所用的禪座都很尊重，有人會在打坐前先向座位問訊，甚至是頂禮。如對禪座不尊重，隨便如坐普通椅子般地輕蔑，那坐下去後也不會有很大的效果，因為我慢心太重了。因此，不但要尊重，同時要心無所著，當坐下去時，就把外面的一切都放掉。

聖嚴法師在禪堂裡常要禪眾先把過去和未來放在門口外面，因為這些都是妨礙修禪的。在捨去一切的那個時刻，需要一位很好的老師在旁協助。在那一刻，什麼都捨去，一切都是空空洞洞的；如果沒有明眼的人指導，很快就會摔下來。有一個這樣的故事：有一個人去拜見一位師父要求學法，師父要他凡事皆須聽從才教他，他答應了。有一次，師父帶他到一棵很高的大樹下，叫他爬上樹頂，然後兩手抓住樹枝，兩腳懸空；隨後命他放下左手，再放下右手，這時他猶豫了，但是在師父的嚴厲命令下，他終於放下右手。在他放下的那一刻，真的什麼都捨去了。他的師父是一個有神通的阿羅漢，當然不會讓他發生問題，所以他這一捨，不但生命沒問題，反而開悟了。

因此，修禪須選擇有工夫的師父，才是最穩當的。不過，這句頌裡所說的心無所著，與上面的故事那個境界尚有一段距離的。這裡主要是說，不管修學什麼法門，內心不能有任何執著，否則工夫就不會理想。

結跏趺坐，當願眾生：善根堅固，得不動地。

打坐時，把雙腿盤起來，右腳先上、左腳後上，或左腳先上、右腳後上，放在腿上，就是結跏趺坐。不能坐這種姿勢的，就結半跏趺坐，即一腳在上、一腳在下，再不行就把兩腿交叉而坐。有些姿勢對初學者來說，是很不容易的。結跏趺的目的，與身體的坐姿有關，當身體挺直，腿盤起時，就形成一個三角形，這樣坐起來才會平穩。

所以，不管是跏趺坐或半跏趺坐，兩膝必須著地，如果其中一膝沒有著地，不久就會感到辛苦，感覺身體好像傾向一邊了。其實身體並沒有偏，但有時是真的傾向一邊。所以坐時，臀部和兩膝必須著地，形成一個三角形，才會穩定。這時當願善根也如身體般地穩固，就能進入不動地，即第八地。到了這個境界，度眾生就容易了，要顯任何一種身度眾生都不會有問題，如觀音菩薩一樣。同時也希望一切眾生都能得到堅固的善根，而能達到不退轉——境界不動。

以上四頌是修禪的前方便，還未正式打坐。

修行於定，當願眾生：以定伏心，究竟無餘。

修定也稱修止，即要停止妄念。修止的方法有幾種，如數息或把念頭專住在眉心、鼻尖或丹田等處，久了、心集中了，妄念就生不起來，外界也不再有干擾作用。修定最高的境界是達到一心不亂，這時心進入穩定狀態，如果工夫很穩固的話，隨時都能進入定境。《阿彌陀經》說：要往生極樂，須念佛至一心不亂，否則是不容易往生的。因為在臨命終時，心必須與彌陀相應，才有機會往生極樂。如果工夫已經到了一心不亂，根本就不必擔心了。所以，念佛也要藉禪定的力量，實際上念佛也是一個修定的方法。不論修哪一個法門，通過禪定就可靠了，要以定伏心，這樣才能達到究竟無餘。

若修於觀，當願眾生：見如實理，永無乖諍。

上面說過，修定只是一種手段而不是目的，所以還須有「觀」，當禪定工夫穩固時，就得繼續修觀。觀想有許多種，如貪念重的，就修不淨觀，觀身體的種種不淨。當有了一定的工夫後，就會真正看到身體的不淨，如見蟲在蠕動，或見骨頭等。那時對身體的執著就會減輕了，執著減少，智慧就開發了。還有觀空的方法，若觀想到空或無我時，也能解脫生死。

如果只修觀不修定，也不能成功，因定力不足，未有一心不亂的境界，觀想反成妄念。所以，必須兩面都下工夫，通常就稱為修止觀。止是禪定，觀是智慧，定慧必須雙修，加上前面的戒，即是戒、定、慧三學。修戒的功用能遠離煩惱，持戒能防止作惡，結果惡法就能遠離。修定是降伏煩惱，修慧是斷除煩惱，只修定不修慧，如用石壓草，石去草又會再生出來，修慧就是斬草除根的作用。又說定如捉賊，慧如殺賊，定慧必須相輔相成，單修一方面，在佛法的修行上是不完滿的。

捨跏趺坐，當願眾生：觀諸行法，悉歸散滅。

打坐以後，捨去跏趺坐時，當觀無常，所有的法都是變幻的，故稱行法。打坐時，是一法生起來，捨跏趺坐時，這一法即滅了。任何一件事有開始就有結束，所以說「諸行無常」，這是佛教裡很重要的一個義理。

下足住時，當願眾生：心得解脫，安住不動。

捨去跏趺坐後，就要離開座位，所以腳就從座上放下來，然後舉足走。舉足走動可說是修經行，所以這兩頌也可以放在第三部分裡。但它們也是日常生活裡的兩個動作，因此也可歸納到第四部分。不管如何，當腳放下時，當願眾生，都能得到解脫，安住於不動中。凡夫有動亂法，佛菩薩和阿羅漢沒有動亂法；動亂是生死輪迴法，安住於不動法，即住在涅槃法裡。

若舉於足，當願眾生：出生死海，具眾善法。

眾生都在生死大海裡，頭出頭沒，所以在舉足時，即表徵要走出生死大海。欲出離生死大海，必須具足眾善法。

第四部分，是將行披掛時所要發的願，也即是日常生活裡隨時要發的願。

著下裙時，當願眾生：服諸善根，具足慚愧。

以前出家人的下半身都是著裙，像今日南傳比丘所穿的，而中國比丘（尼）多數都是穿長褲。總之，著裙是為了遮羞，所以在穿的時候，當願一切眾生，都有慚愧心。人與動物不同的地方就在於慚愧心，亦即有羞恥心。而人之所以懂得做善事，就是因為慚愧心使我們害怕別人的指責、法律的制裁和良心的責備，因此羞於作惡。

整衣束帶，當願眾生：檢束善根，不令散失。

衣服穿上後要整理好，表徵著檢束善根。善根如果不好好地檢束，很容易就會散失掉了。如果衣服沒有整理好，就會掉下來，這些都是很羞人的事，所以必須整束的。

若著上衣，當願眾生：獲勝善根，至法彼岸。

穿了下半身的衣物後，再換上半身的衣物，這是指出家人而言。出家人有三衣，裡面的叫五衣，是勞作時所穿；外披的袈裟是七衣，是誦經、打坐時穿；還有一件僧伽梨，是大法會或托缽時穿。

印度的出家人很重視三衣，離三衣過了二宿就犯戒了。因為佛在世時比丘都只有三衣，別無其他的衣物。有時要到另外一個城市，途中露宿樹下，三衣又可拿來當被褥。所以，三衣對他們來說是很重要的。不過流傳到中國後，這個方法行不通，因為印度的三衣都是偏袒右肩，而中國的北方寒冷，南方的冬天也寒冷，露出右手實在吃不消。因此就改穿中國的服裝，外披一件袈裟以來分別，也就不用披五衣又披七衣，不過多數只披一件七衣，這是風俗習慣的不同。

佛世的比丘，是三衣不離身的。但是現在的中國比丘為了方便工作，平常都不披袈裟，只有在誦經時才披，不明就理的人，即批評中國比丘不穿袈裟。其實佛陀制三衣，是就當地的風俗環境而制的，袈裟最大的作用，還是在分別在家與出家。現在中國比丘的服裝與一般人的衣服已有很大的區別，能分辨出家的界限，披袈裟的目的就達到了。這裡的上衣是指七衣，著上衣時，就像獲得了殊勝的善根，因為只有出家人才有穿七衣。有了善根，就有機會到達法的彼岸——生死解脫的彼岸。

著僧伽梨，當願眾生：入第一位，得不動法。

僧伽梨是在重要的法會時才穿的，當然穿起這麼重要的一件衣時，代表已經能入到第一位，得到不動法了。

第五部分，是澡漱盥洗時所發的願。

手執楊枝，當願眾生：皆得妙法，究竟清淨。

楊枝是古代人用來刷牙的用具，當手執楊枝時，當願一切眾生，都能得到妙法。由於楊枝有多種好處，以它代表妙法。妙法能洗淨一切垢穢，得到究竟的清淨。

嚼楊枝時，當願眾生：其心調淨，噬諸煩惱。

嚼楊枝時，是為了刷洗牙齒，使之調淨，代表內心要調伏，使之得到清淨。同時把煩惱都消化掉，也即是斷除煩惱的意思。以楊枝使口得到清淨，代表內心的清淨。

大小便時，當願眾生：棄貪瞋癡，蠲除罪法。

大小便是骯髒的東西，當把這些穢物放掉時，當願一切眾生，不只是放下身體的污穢而已，也要除去內心的骯髒，即要把內心的貪瞋癡驅除；貪瞋癡除去了，罪惡也就清淨了。人都不願把大小便儲藏在體內，同樣的，所有的罪惡與三毒也要排除出去。大小便排除了，身體得到健康；罪惡排除了，心理得到健康。一個是生理上的毛病，一個是心理上的毛病，不管如何，都是應該排遣的。

事訖就水，當願眾生：出世法中，速疾而往。

當大小便後，走向洗手的地方時，表示要快速地把污垢洗淨。這就表徵了當求清淨的出世法時，也要快速地去進行，因為世間是很苦的，一定要得出世法才是完全清淨的。

洗滌形穢，當願眾生：清淨調柔，畢竟無垢。

當洗除身體上的污穢時，身心都會因為除去了污垢而感到輕快。從身體的清淨調柔，做到心理的清淨調柔，徹底地除去髒物，才能得到畢竟的無垢。

以水盥掌，當願眾生：得清淨手，受持佛法。

洗手時，當願眾生，都能以清淨手來受持佛法，意思即說佛法是清淨的。所以，要以清淨的身心來接受，這樣才能表示出對佛法的恭敬。因此一般讀經或誦經前，都要先把手臉清洗一下，才不會污染佛經。

以水洗面，當願眾生：得淨法門，永無垢染。

以水洗面時，當願眾生，都能得到清淨的法門。面是人的代表，面髒了要用水洗淨，就等於是得到了清淨的法門。用清淨的法來修持，就永遠不會再有垢染了。

在所有關於盥洗的頌裡，都與清淨有關係，因為洗滌就是為了洗淨垢物。同樣的，學佛也要以清淨法水洗淨內心貪瞋癡的污垢。當我們在做這些事時，發願一切眾生都能得到佛法的清淨法水，洗滌內心的污垢，這是發願的意義。

第六部分與出家人的關係很密切，從第四十七頌至第一零一頌共五十五願。有一部分與吾人的日常生活也有關係，而主要的還是在提示出家人乞食道行時，隨時都應發的願。因為當時在印度是非常注重出家制度的，而托缽乞食是佛教裡很重要的制度，出家人不同於在家人，在家人可以做些謀生事業，出家人不行，他們最重要的工作是修行和弘法。

出家人所做的一切都是有關宗教方面的工作，這些工作都非要專心去做不可的。他們的時間幾乎都花在研究真理和實踐佛法上，要他們為生活而工作是不可能的事，所以就有了出家這種制度。所有的宗教都有這種制度，有些信徒甚至完全獻身宗教，因此乞食在出家制度裡就顯得重要了。

而且印度人民對乞食的修行者都非常尊敬，他們認為一個能捨去一切而自願修行的人，都有很高的道德，都是聖者。所以，白衣們都很樂意供養他們，後來佛教流傳到斯里蘭卡、緬甸、泰國等地，仍然保留這種風氣；而流傳到北方如中國，這種制度就行不通了。因為南傳佛教的國土，都非常尊崇出家人，而中國人視乞食的人如低賤的乞丐，因此中國的出家人只好捨棄這種制度。

佛世時，出家人吃飯定有三種制度，除了乞食制是最好的一種外，還有受請食，即受施主之請到其家中受供，這也是當時常有的情形。另一種是僧眾食，這在後期佛教是比較普遍的一種吃飯制度。尤其中國佛教在乞食制度不能實行後，這種制度就被發展起來，既然是僧眾自己煮食，就非素食不可了，但是托缽就可以隨施主所供養的而食。不過托缽乞食，過了午後即不再進食，這是為了節省時間和麻煩。

其實，乞食有其深刻意義，出家人稱為比丘，即乞食之義。乞法以資慧命，乞食以資生命。乞食的好處很多，這裡大約談談：令供養的人與三寶有親近的機會，同時令他們生起慈悲喜捨的心。在僧眾方面是依佛的指示而行，又能破除驕慢，培養謙卑心；驕慢心除去了，在修行的過程中就會更快速地進步。而且托缽必須按照次第，不可挑選施主，因此就不會起分別心，能以平等心對待所布施的人。

手執錫杖，當願眾生：設大施會，示如實道。

從這一頌開始至第五十八頌共十二願是第一部分，是從寺院開始到街上所會發生的情形。

第五十九頌至第七十七頌共十九願是第二部分，是在路上見到的各種外境。

第七十八頌至第一零一頌共二十四願是第三部分，是就所碰到的人而發願的。

錫杖是用錫這種金屬做成的，由於它會發出聲音，故又稱為聲杖或鳴杖或智杖，表示持杖者是具有聖智的人；或又稱為德杖，表示持杖者藉修行聚集了許多功德。總之，是出家人的一種工具，代表聖者賢士或道法，是一種崇高的象徵。佛世時，出家人出外托缽都會帶著錫杖，當施主們聽到錫杖的聲音時，就會出來供養。錫杖的另一種用途，是當遇到毒蛇或蟲之類的動物，就用錫杖驅趕，以免傷害牠們。

佛教流傳到中國後，錫杖就流行起來，後來甚至變成是一種武器。《高僧傳》裡記載兩位道行很高的出家人，有一次他們走進山林裡，看見兩隻老虎在打架，就用錫杖把兩虎隔開，勸解牠們不要打架，兩虎聽後也就各自離開了。所以，中國人又給錫杖安上一個「解虎錫」的名稱。

當手執錫杖時，即表示將出發去托缽，這時要願眾生，都設大施會，示如實之道。大施會又稱無遮大會，多數是由國王及很富有的長者施設，每五年舉辦一次，一次需要好多天時間。在大會期間，供養所有的出家人、布施貧病等，通常也請高僧大德同去辯論佛法。設大施會即表示平等，如實道即真實道。在大施會裡，高僧談論佛法，開示成佛之道，如唐朝三藏玄奘法師就曾在印度戒日王舉辦的無遮大會上當主講。

執持應器，當願眾生：成就法器，受天人供。

應器即應量器，是出家人乞食用的缽。持缽者應接受大眾的供養，故稱應器；而缽的大小是依照各人的食量而造，故稱應量器。持執應器時，當願所有眾生，都能成為接受佛法的人材、佛教的法器，就像缽能盛飯食一樣地完全接受佛法，並實踐佛法以完成道德的修養、成就各種功德，因此就有資格接受天人的供養，這是很不簡單的一件事。很多有道德修養的古德，都感得天人的供養，佛陀就是一個例子。又如唐代的道宣律師，每天都有天人供養飯食，能有這種感應，即表示其道德修養崇高。

發趾向道，當願眾生：趣佛所行，入無依處。

即走出寺院開始向道路走去時，因為當時出家人都不穿鞋子，故說發趾。這時要願所有眾生，都能走向佛陀所行的道路，如果大眾都走向這條路，最後就能達到如佛陀的境界。佛陀說法的目的就是這個，只有成就佛道，才能真正驅除所有的痛苦和煩惱，解脫生死。既然自己有這麼一個好方法，當然應該讓所有眾生都能分享，真正到達無依之處，即真實處。

佛法最高的境界是真實處，一般以生天為究竟，是佛教所不贊同的。佛教認為生天還是在輪迴的範圍內，縱使得到最高的壽命，終會因完結而再下墮的。只有走向佛道，向真實處前進，到達解脫的彼岸，才是最究竟的。

若在於道，當願眾生：能行佛道，向無餘法。

走在道上時，當願眾生，都能實踐佛道，向涅槃法。涅槃是最高的境界，故是無餘的，有時也稱為無漏法或無為法。涅槃有兩種：一是有餘涅槃，表示未到達最高的境界，又稱有學處。一是無餘涅槃，已經是無學處了，完全圓滿真理。二乘裡，初果、二果、三果都是有學位，四果才是無學位。若證四果而還有身體存在，要待入滅後，才能得到無餘法。

就大乘的說法，是以佛果為無餘境，以下的都是有餘法，因為菩薩還有許多要學習的法門。所謂「法門無量誓願學」，因為眾生無量，各人的習性都不同，所以法門就必須無量。只有成佛，才是真正完習所有的法門，故佛是覺行圓滿的。

涉路而去，當願眾生：履淨法界，心無障礙。

在向著道路走去時，當願眾生，能步行在清淨的法界中。身體步行在道路上，心要步行在清淨的法界裡，即是走向佛道的路徑。這時心要沒有障礙，修行如果稍下工夫，內心會湧現許多障礙，很容易退心，因為覺得自己並不能如佛所說的去實行，加上貪瞋癡的力量強盛，心裡就會產生苦惱。

佛說發菩提心者很多，成就佛道者很少，這就是內心障礙太多了，如魚生卵千千萬萬，成功孵出魚子的卻很少。因為魚卵在孵化的過程中，被其他魚吃去不少，而發心修菩薩道的很多，中途被魔王「吃去」的也不少，最後能成就的就不多了，甚至如「智慧第一」的舍利弗也不例外。只有佛可以為了眾生而不惜犧牲一切，這是佛修學菩薩道的心是無障礙的。吾人若不通往清淨法界的道路，以上所發生的種種障礙，是無法透過去的，只要對佛法有堅強的信心，都可以很順利地通過去，然後一段一段地前進。所以，菩薩在道上行時，要願眾生，都能無礙地行走在通往清淨法界的道路上。

見昇高路，當願眾生：永出三界，心無怯弱。

當走上昇高的路上時，就願一切眾生，都能像走上高路一樣一層一層地往上爬，最後爬出三界的範圍。三界像一座火宅，眾生被困在裡面，這是多麼危險和痛苦的事。眾生必須抱著堅定不拔的心，不怯弱、不畏苦，勇敢逃出三界外去。對於信心怯弱的眾生，佛陀只好告訴他們淨土法門或密法，而對信心堅固的眾生，佛陀就勸說要修菩薩道。如地藏菩薩，發願到地獄度眾生，而地獄是最苦的處所，那裡的眾生又頑劣難度，菩薩的這種大無畏精神，其信心之堅固是心力怯弱的眾生所不能比的。

見趣下路，當願眾生：其心謙下，長佛善根。

當見到往下走的道路時，願一切眾生，心都能謙下沒有我慢心。慢心會障礙學習，只有虛心才能學習到更多事物。所以，心要像一條往下的道路一樣地謙下，這樣才能長養佛的善根。這是成佛所必須的，因此要常常拜佛以折慢心。有尊敬別人的心表示有謙卑心，慢心重者對人是生不起敬意的，學佛如果改不掉慢心是開倒車的現象。

《法華經》裡記載了一位常不輕菩薩，他對一切眾生都視之如佛，恭敬如佛。所以，他看到任何一個眾生時都會禮拜，他常說：「我不敢輕於汝等，汝等皆當作佛。」只有以這樣的謙卑心來修學佛法，才能培養出佛的善根。

見斜曲路，當願眾生：捨不正道，永除惡見。

見彎曲或斜路時，就願眾生都能捨去所有不正道，和一切不是通往佛果的道路。通常說的正道是指八正道：正見、正思惟、正語、正業、正命、正精進、正念、正定，其反面即是八邪道。如果每個人都能實踐八正道，一定可以成就佛道。對佛法有正見，然後發起修正道之心，不說不正當的話，不做不正當的行為和職業，有正確的精進、正確的念頭，時時繫念三寶，修正確的禪定，就可以證得阿羅漢的果位。這是聲聞法門很重要的一種。

佛陀在涅槃的前一刻，還度了一位外道須跋陀羅，此人修行境界已到非想天，卻不能解脫生死，他來拜見佛陀請示解脫之道。佛陀即為說八正道，並說只要見八正道，不管是哪一個宗教，都可以得到解脫。老外道聽了即入定，並在定中證得阿羅漢果，在佛陀入滅前先行涅槃了。

所以，八正道是涅槃法門裡所不可捨棄的，捨八正道就沒有涅槃法。不管是站在大乘或二乘的立場，都具有同樣道理。因此，要願眾生懂得捨去非正道的方法，永遠除去邪惡的見解，因為不正見是根本煩惱之一，如「我見」就是一切以「自我」為主，自私自利，在佛法的修持上就用不上工夫，所以必須永除惡見。

若見直路，當願眾生：其心正直，無諂無誑。

見到直路時，願一切眾生的心，都像路一樣的正直，眾生心有些是諂心和誑心。諂心是奉承別人的心，即拍馬屁，為的只是得到個人的利益；誑心是欺騙、迷惑別人的心，這兩種心都是歪曲的，是學佛者所要革除的心理。心正直的人，就不會有諂誑心。

俗語說：「寧可老僧墮地獄，不將佛法賣人情。」只有以這樣正直的心，才能成就佛道。以諂曲、誑妄心學佛，佛法只有變得更低俗了。學佛是為了讓心學得更正直，不是歪曲的。

見路多塵，當願眾生：遠離塵坌，獲清淨法。

在旱熱的天氣走在路上見到灰塵時，當願眾生，遠離塵垢。佛經裡常以塵垢比喻心中煩惱，當見到外面的塵垢時，就觀照內心的塵垢都能遠離，然後獲得清淨法。佛教裡有一個故事，敍述一位很愚笨的出家修行者，他的哥哥是一位阿羅漢，教導他一首偈頌，三個月還是學不會，其兄即命他還俗回家。

佛陀知道後，就親自教他，要他每天打掃精舍，掃時要念掃塵除垢。經過一段很長的時間後，他想：掃塵是掃去心中之塵，除垢是除卻內心的污垢，這麼一想就開悟了。同樣的，學佛就是為了掃塵和除垢，所掃除的就是內心的塵垢。以上的方法適用於有機會掃地的人，可能有一天也能因掃塵除垢而開悟。

見路無塵，當願眾生：常行大悲，其心潤澤。

在一條下過雨的路上行走，見到一片無塵垢的景象時，當願眾生都能行大悲法，就像水的潮濕，使灰塵不起；欲行大悲，內心一定要有慈悲。眾生有無邊的痛苦和煩惱，就像灰塵一樣地多，菩薩要以大悲法水滋潤眾生，讓他們內心揚著的灰塵平息下來。

學佛者如果沒有大悲心，一定不能成就佛果。大悲心是一種很強的力量，讓我們感到眾生的痛苦，驅使自己去幫助他們解除痛苦，這些痛苦以內心的為最。菩薩對這些都有親切的體驗，因此就要幫助眾生解脫苦惱之束縛，以佛法來開發眾生的智慧，有了智慧，苦惱就會減少。

若見險道，當願眾生：住正法界，離諸罪難。

險路喻如修學邪道或自私的道法，修學佛法應棄這些險道而走正道，安住於成佛的正法界裡，才能離去所有的罪惡和災難。即使是平時也要避免走上險路，修學佛法就更要避免。若不小心走上了險道，不但不能成佛，恐怕還會成了魔子魔孫。

以上十二願，除前兩願，之後的都是有關道路的情況而發的願。下面十九頌，是就在道上所見到的事物環境而發的願。

若見眾會，當願眾生：說甚深法，一切和合。

眾會是很多人集合在一起談話聊天，一般這樣的集會多數都是東家長、西家短，談論一些沒有意義的話。尤其是印度人性喜好辯，路上碰到也會爭論一番，菩薩在托缽的途中常會見到這種情形。而聖嚴法師在《戒律學綱要》裡說到，妄語中，常人最易犯的是小妄語，犯惡口、兩舌的機會不會太多，但是最難戒的就是綺語。所以，修行人應該要守口如瓶。

眾人集會的時候，說綺語的機會更多，若見到這種情形時，當然希望它能改變過來，所以就願一切眾生，當集合時，都說甚深的佛法，這樣的集會和所說的話就會有更大、更好的意義。學佛者要盡量避免談無意義的話，多談佛法，如弘一大師就曾發願非佛語不談。當然一般人不易做得如此徹底，但說話時要盡量說些有意義的話就是了。談佛法能使眾生和合，這樣才能一起走上菩薩道。

學佛最需要親近善知識，所以會和合在一起學習。通常和合都指出家的僧團，大家在一起談論佛法，思想、看法都能一致，所以能和合在一起；閒聊時說的話，大家意見不同，或不小心傷害了對方，就不和合了。談佛法還有一個好處，即不會造太多口的惡業，反而是一種善業，甚至是法的布施。

若見大柱，當願眾生：離我諍心，無有忿恨。

這一頌在較早的譯本裡，是寫「若見大樹」，根據他們的說法，大柱和大樹在梵文裡是同一個字，只是讀音不同。就像中文有平、上、去、入四個音一樣，若念輕聲就是大柱，念重聲就是大樹，所以有不同的翻譯。

大柱的作用是支撐著房子，當見到大柱時，當願眾生都能離開「我」，這樣就不會有諍論心，如柱能承擔一切，是不會與人諍論無意義的事物。

一般諍論沒有多大意義，對學問的探討，可以用討論的方法，如用諍論，意義就小了，甚至會弄到面紅耳赤，所以要離我諍心；欲除諍心，先要離去「我」，因為有「我」，什麼事都會以「我」為中心。一間房子，只有一根大柱是不夠的，而需要多根大柱的力量，才能撐起一間房子。雖然柱有承擔的大力量，還是要有合作的精神。人也一樣，有了合作的精神，「我」就會減少，諍心就可減少。我諍心沒有了，也就不會有忿恨心了。

對某一件事發生諍論，大家各執一詞，弄到起忿恨心，人吵起來，以後可能還會懷恨在心。尤其是辯輸的一方，口服心不服，懷恨心就更強了。對於無理取鬧的人，以無忿恨、沉默待之，表面看來是他勝利，其實是我們勝利。佛陀曾說：忿恨不能止息忿恨，只有忍耐能止息忿恨。如果雙方都忿恨，結果一言不合就要動手；如果有一方肯忍耐，雙方的脾氣也就發不起來。

若見叢林，當願眾生：諸天及人，所應敬禮。

叢林即是森林，中國佛教裡的大寺院也稱叢林，表示僧眾之多，如叢林一樣。佛教說的叢林還有一個意義，即是功德叢林，言功德有如叢林那麼多，當然這是佛陀的功德。俗語說：「一念瞋心起，火燒功德林。」功德林如樹木一樣，一棵棵地種下去，漸漸形成一座叢林，但只要放一把火，整座叢林就會被燒去，喻瞋心之火，能燒光功德之林。

當見到叢林或森林時，當願眾生，都能受到天人的尊敬供養，即表示這是很有功德的人。當然功德聚集得最多的還是佛陀，佛陀最了不起的功德有三種：解脫德、般若德與法身德。這三種功德圓滿了就是佛陀，我們學佛要學的就是這三種，這是我們的目標。證到完全的解脫時是解脫德，證到最高無上的智慧時是般若德，證到法身永恆存在時是法身德。能得到這些功德時，不僅受人恭敬，天也會恭敬，一切眾生都會恭敬。

若見高山，當願眾生：善根超出，無能至頂。

見到高山時，願所有眾生的善根，都能超出。本來有善根已是件很好的事，但是更要超出，表示善根的完善已達到無能至頂的程度，如高山之高，不能到達其頂一樣。這種能超出而無能至頂的善根，即是成佛的善根。總之，當願一切眾生，都能得到成佛的善根，與佛一樣，能成就最高的境界。

見棘刺樹，當願眾生：疾得翦除，三毒之刺。

凡見到有棘刺的樹，不論是藤或樹，當願一切眾生，都能很快地翦除三毒的刺。以棘刺比喻內心的三毒刺，在外境上，我們可以避開有刺的樹，但內心的刺卻不易避開。三毒刺把眾生刺得很苦，加上無常的驅趕，真是苦不堪言。但有些人還不自覺，印度的外道以為躺在棘刺上，就是快樂之源。眾生也以為三毒刺能帶來快樂，雖然很痛，卻也覺得好玩。

因此，要願眾生快速地翦除三毒之刺，不再讓它刺在內心，眾生造惡業以致受苦，即因為貪瞋癡三毒在作怪。這三種煩惱斷除了，業才可以斷除，所以要想法子斷除，這就非修學佛法不可，只有通過佛法的戒定慧，才能滅除貪瞋癡。

見樹葉茂，當願眾生：以定解脫，而為蔭映。

以茂盛的樹葉，喻如修定得到解脫。禪定是佛教裡一個重要法門，它貫通了戒，便能達到慧，從修戒為基礎，使修定成為正定，從正定開發智慧，然後得到解脫。佛教的修持，一定離不開禪定，不管用什麼方法修行，都要與禪定相應，否則這個方法的效果一定很小。如念佛若沒有定力輔助，以達到一心不亂，那念佛這個方法，只能幫助你種一點功德善根，效果卻不大。

定是解脫的一個重要法門，當得到解脫時，就像在樹蔭下得到蔭涼一樣。三界如火宅，眾生的內心亦如火燒，如修定力得到解脫，內心之火就能熄滅。就如在烈日下，找到一棵大樹做為庇蔭而得到清涼一樣，當見到樹葉茂盛時，就願一切眾生，都能得到清涼。

若見華（花）開，當願眾生：神通等法，如華（花）開敷。

見到花開時，要願眾生都能得到神通；要得到神通，就必須修禪定。在佛教裡，神通有其重要性，卻不以為究竟法門。

神通共分六通，而最重要的是第六種漏盡通，前面有天眼、天耳、他心、神足、宿命五通。天眼通是對遠近一切事物，及未來的業力如何發生，不受任何障礙而能清楚地看到。天耳通是任何微細或過分尖銳的聲音，都能聽到。他心通是能測知別人內心所想的。神足通是不受界限的限制，隨意要到哪裡就可以到。宿命通是能知過去世所發生的事物。漏盡通是斷盡煩惱的神通。

學佛者如果有智慧又有神通，就像花開一樣，有莊嚴、美化的作用；如果只有神通而沒有智慧就危險，因為他具有這麼大的能力，沒有智慧分別善惡，任何事情都可為所欲為了。所以，佛陀不贊成弟子學神通，而要學智慧，只要再修禪定，神通自然會產生。

阿羅漢有神通，卻不常用，因為他們覺得這是世間法，有智慧的人不講求神通。講求神通時就起了貪心，這是學佛者的一大障礙，有智慧後有神通，可以做許多有益眾生的事；有神通無智慧，就會造很多惡業。因此，神通有其好處，也有其弊病，但是智慧卻只有好處，絕不會有壞處。所以，佛陀鼓勵弟子修慧，八正道首先即是正見，正見即是智慧。

若見樹華（花），當願眾生：眾相如華（花），具三十二。

具有三十二相，就如花開一樣，花開是最美的，具三十二相是最端嚴的。在此不詳細說出三十二種相，只談談其中幾種：⑴足安平相。⑵足趺高廣相。⑶千輻輪相。⑷手足柔軟相。⑸手過膝相。⑹毛孔生青色相。⑺身金色相。⑻常光相……等。

佛陀用三祇修福慧，百劫修相好，從佛陀的三十二相來看，成佛非下一番大工夫不可，尤其是安忍、布施的工夫。

若見果實，當願眾生：獲最勝法，證菩提道。

見到果實時，就願一切眾生都獲得最勝法，證得菩提道，成就佛果。種果樹的目的，是為了果實；修行佛法的目的，是為了證佛果。普通的果實有吃完的時候，得到佛果卻是受用無窮、取之不竭的。

若見大河，當願眾生：得預法流，入佛智海。

見到大河時，當願所有眾生，都像進入法流；河流就像佛法，河水最後是流入大海。大海喻佛智，當皈依法時，就願眾生的智慧如大海。佛說法常以世法為喻，在世間上最廣闊、無邊無際的即是海洋，就以海來形容無邊無際的智慧。如果能進入佛法的河流裡，就不必擔心了，終會流入佛法的智海。從修行的階段上說，預法流是二乘的初果，稱為預流，即已經進入佛法之流。這時就可以解脫生死了，最多來往天上人間七回，就可以證得阿羅漢果位。

以大乘佛法來說，十信位完滿進入十住位時，就得到信不退，開始修行成佛必須的三大阿僧祇劫，然後一直不退地修上去，就是進入法流了。如果嚴格地說，登初地後才是進入法流；進入法流，表示已經走向佛法智海了，未入法流前，還是在尋找法流的階段。一旦找到後，那恭喜你了，因為進了法流，即使不用力划，水流也會把你沖到佛法大海中去的。修學佛法，這一關是首先要衝破而又是最難衝破的。聖嚴法師曾說過，修禪如果能得到第一次的開悟，最少可以得到信不退，即進入十住的第一住，從那時開始所修的善法都是迴向佛果。念佛能往生西方，也是預入法流了。

若見陂澤，當願眾生：疾悟諸佛，一味之法。

陂澤是儲水的地方，這樣的地方，外面的水是流不進去的，比喻其如佛法的一味。佛法一味，雖然所說的法門有種種不同，但最後都回歸佛道。佛說法有三乘，最後佛又教他們回歸到佛道上，就像眾流入海，同是鹹味的道理一樣。無論你修哪一個法門，最後都會成就佛果，這時大家的境界都是平等一味的。佛就曾說：「四河入海，同一鹹味。」意謂所有眾生修學佛法，最後都會證悟佛果。

既然修學的目的都是成就佛果，所以每一個修學的人都是平等的，故說所有出家的弟子都同為釋子。這是針對當時印度的四姓階級而說的。佛為打破這種不平等的制度，在他的僧團裡，就收留了各種階級的人士出家。在僧團裡，不管是最上級或最下級的人，身分都是平等的。這種說法傳到中國後，晉朝道安法師就提倡所有出家人都姓「釋」。

若見池沼，當願眾生：語業滿足，巧能演說。

池沼即池塘，池塘裡注滿了水，表示眾生的語業滿足，巧能演說。如果一個人所說的話都是善的，就能演說種種佛法。語業圓滿必須修習正語，除去非正語，如妄語、綺語、兩舌、惡口等語。學佛要說誠實、柔軟的話，因為我們說這種話，能使眾生歡喜、振作。不過在適當的時候，也可用較重的語氣說話，以提醒眾生。

佛說的話，每一句都有深意，雖然有時聽起來好像是責罵，但都是根據當時的情況而說的，過後也可以收到很大的效果。在正語裡，最重要的是實語，即在最適當的時間所說的話；一句好話如在不適當的時間說出來，可能會產生反作用，非時非地說的就不是正語。如果語業滿足，所說的都是正語，就能善巧地弘揚佛法。

若見汲井，當願眾生：具足辯才，演一切法。

如見到有人在井邊取水時，就願所有眾生，都具足辯才。好像井水一樣，無論汲取多少，井裡的水都不會乾涸的。辯才好的人，演說佛法時，就像井水一樣，總是汲取不乾的。

若見湧泉，當願眾生：方便增長，善根無盡。

湧泉是從地底湧出來的泉水，是流之不絕的，可以利益許多人。就像度眾生，要有用不盡的方便一樣。泉愈深，湧出的泉水就愈多，就像善根，愈是無盡，愈是清淨。

若見橋道，當願眾生：廣度一切，猶如橋梁。

橋可以度人跨過河流，幫助人們從此岸度向彼岸。見到橋梁時，就願眾生都如橋一樣，能廣度一切眾生。從發願中，發展為真實的行動，故許多學佛者都很樂意做修橋補路的工作，因為路與橋都有度人的作用。從事這些世間法的工作，表徵學佛的目的就是廣度眾生，如橋和路一樣，這些都是行菩薩道的表現。

若見流水，當願眾生：得善意欲，洗除惑垢。

流水有洗除污垢的作用，故見流水時，就願一切眾生都能得到善的意欲。人都有意欲，以學佛者來說，要證阿羅漢必須斷除所有的欲望。但在斷除所有欲望之前，必定有一種善欲，即是正思惟。這種欲驅使我們精進，一個人沒有欲，做任何事都不會成功的。欲就是一種期望或志願。

所謂「欲為勤依」，沒有欲望就不會發憤圖強。學佛者的欲望都是善欲，所做的一切都是為了成就善業。即使是求錢財，只要為了弘法，方向是正確的，就不是錯誤。重要的是不要被它所迷惑，〈三十七道品〉裡就有一個欲神足，有了善欲，就能除去所有能污染內心的垢惑。

見修園圃，當願眾生：五欲圃中，耘除愛草。

若見到有人在修整園圃時，就願眾生都能修理五欲圃中的愛草。眾生心像一個五欲園圃，裡面長滿了愛草，是貪的種子所生，所以要除掉愛草。園圃裡有雜草，菜就長得不好；內心有愛草，功德都會被愛草吸收，只會增長愛欲，功德就減少了。所以，一定要除去內心的貪愛，貪愛使眾生對一切都有很深的執著；有了執著，苦就跟著來了，做任何事都得不到最好的成績。

見無憂林，當願眾生：永離貪愛，不生憂怖。

見到無憂樹林時，當願眾生，都能永離貪愛和怖畏，許多怖畏的產生都是由於貪愛而產生。經裡說：有了貪愛，就有顛倒。顛倒所以有罣礙，罣礙包括了恐怖與憂愁。如果要完全除去內心的罣礙，必須先除去貪愛和顛倒邪見。憂怖使我們痛苦，它的起源就是貪愛，沒有貪愛的人，內心坦然，任何事情都可以消融，所以不會有憂怖。

若見園苑，當願眾生：勤修諸行，趣佛菩提。

見到園苑時，就願所有眾生，都能趕快精進修行，得到佛的菩提境界。

以下三十四願，是就所遇人物而發的願。

見嚴飾人，當願眾生：三十二相，以為嚴好。

當見到一個穿著華麗、配戴許多裝飾品的人時，就明白他是為了取悅別人。世間人都是先敬羅衣後敬人的，這時就願眾生都有佛陀的三十二相。佛陀具足了三十二相，所以不需要打扮已經很吸引人。

據經所說，除佛以外，轉輪聖王也有三十二相，不過不同的是，佛的三十二相非常清楚明顯，轉輪聖王的相就稍微模糊不清。如果能具備三十二相，外在的裝飾就不需要，因為本身所表現的已經很莊嚴。菩薩願眾生能從外表的裝飾，轉為注重心的裝飾和行為的裝飾，因為內心若是善良，依佛法修行的話，行為就能端嚴，這樣便能得到三十二相。

佛用百劫時間修行種種功德，才得到三十二相。以三十二相為裝飾品，這種裝飾不是外表的，而是從內心發出的，行為上的莊嚴才是最好的莊嚴。如有些人長得不怎麼好看，卻給人一種不同的感受，就是因為他的內心莊嚴，外表他用慈悲的善行莊嚴身相，他的莊嚴不是來自裝飾品，而是來自內心佛法的熏陶。

見無嚴飾，當願眾生：捨諸飾好，具頭陀行。

見到沒有裝飾、衣著隨便的人時，就願眾生都能捨去一切飾物，因為所有的裝飾品都是假的，即使裝飾得很美，也是靠假的東西而已，並不是真實的美。如果這些外在的裝飾品是真實的，一切眾生都會覺得這是真實的，而實際上，除了人類以外，其他眾生如貓狗之類，對這些裝飾品就不感興趣。這些飾物只能裝飾外表，不能裝飾內心，只有佛法能裝飾內心。

在這一頌裡，是注重在修頭陀行。佛世時，有許多出家人都修頭陀行，其中最著名的是大迦葉尊者。修頭陀行的人外表很不好看，可是佛卻很讚許大迦葉。頭陀行有十二種法，凡修頭陀行的行者，不能住在人工裝飾的建築物裡，只可住在樹下或墳墓；每天只可吃一餐；所穿的袈裟只能是死人身上取下來的衣物，或是別人丟棄的衣物，不能穿施主供養的。

這種刻苦的修行法，主要是為了捨去內心對世間物質的染著。他們對物質的要求已降到最低的程度，因為對物質的輕視，所以心就容易得到清淨，修行時的染著就少了；修行如果有太多染著，就不會有好成績。一般，印度的外道較重視苦行，佛教卻不太重視，因為佛覺得頭陀行有時是過分地刻苦，佛還是贊成弟子用中道的方法修行。

頭陀行的作用，是為了捨去貪欲，就像捨去種種裝飾品一樣。裝飾品是不實用的東西，所以要捨棄；物質對修行者來說同樣是不實用的，所以也要捨棄，這樣修行的工夫才會進步。

見樂著人，當願眾生：以法自娛，歡樂不捨。

如果見到有嗜好或愛娛樂的人時，當願眾生，都能以佛法做為娛樂；即是說，對佛法有追求的興趣，沒有捨棄的心。總之，是使佛法成為吾人生活中的一個重要部分。

人的生活，有物質、精神和心靈方面。如對佛法有深刻的樂著，無論什麼時候都與佛法相應，那才是真正與佛法契合。實際上，這是不容易的，因為日常生活所碰到的外境很多，引誘力也就強，這就要看個人的工夫如何了。

有些人對佛法的喜愛程度，是一天也離不開佛法的；有些人則是可有可無。前者已經把佛法當作是生活的一部分，而後者對佛法的信心，基礎還未穩固。對樂愛佛法的人，一天不接觸佛法，就像吃菜不放鹽一樣。

見無樂著，當願眾生：有為事中，心無所樂。

見到沒有嗜好的人時，當願一切眾生都有捨心，能捨棄一切有為事。有為事即世間法，因其摻雜了惡法，惡法是輪迴的因，惡法常常有惡見，對世間有顛倒的看法。「有為」是有追求的業，一旦造了業，就無法不輪迴，所以要捨去有為法以得到清淨。更高一層來說，連世間善法也要捨棄，要做出世的善法，因為世間善法還有煩惱，是不究竟的。以有為心做有為法，過後還牢牢記在心裡，對這類事情就要捨棄，因為一旦執著，價值就減低了。對所做的善事不執著，才是真正的善法。

見歡樂人，當願眾生：常得安樂，樂供養佛。

見到一些歡樂的人時，即希望所有眾生，都能得到安樂。《華嚴經》就說：「但願眾生得離苦，不為自己求安樂。」主要是希望眾生都能離苦得樂，這才是學佛者最大的歡樂。眾生受苦，菩薩內心就不好過；眾生歡樂，菩薩內心也就歡喜。菩薩都以眾生的歡樂為主，他所行所為的一切，都是為了使眾生得到歡樂，這就是所謂慈心。眾生有了歡樂，就會很喜樂來供養佛，因為只得到世間上的歡樂是不夠的，更要得到佛法的歡樂。所以，要讓眾生都有學習供養的機會，讓他們知道其重要性。

供養是修行的方法之一，包括了布施的意義。佛是敬田，父母是恩田，貧窮人是悲田。佛說供養佛是一件很好的事，但供養父母的功德與供養佛一樣，如能照顧、供養病苦的人，功德亦是很大的。佛常告訴弟子不但供養佛，也要供養父母和所有需要的人，目的是要使一切眾生都得到歡樂，樂意來接近佛，當然供養還是以佛為主的。佛教徒在吃飯時，想及自己有這樣的福報，也應以無私的心來供養一切眾生，願他們都能得到食物。

見苦惱人，當願眾生：獲根本智，滅除眾苦。

見到苦惱的人時，就願一切眾生都能獲得根本智，這是一種能斷煩惱的智慧。煩惱斷了就能滅除眾苦，因為煩惱使眾生輪迴生死。雖然現在不能一時就斷除生死之苦，至少要能斷除三途苦，一旦落入三惡道，才是真正的苦惱。現在得到人身，依人身修學佛法，獲得根本智，把所有的苦都斷除；苦除去了，就能得到快樂，這是與一般的快樂不同的。一般的快樂有時空的限制，從修行中得到的快樂是不受限制的。眾生有苦惱，菩薩也會苦惱，所以就願一切眾生都能遠離苦惱；為了讓眾生沒有苦惱，菩薩就要忙著弘法，教導眾生修行，以智慧斷除煩惱。

見無病人，當願眾生：入真實慧，永無病惱。

見到無病的人時，當願眾生都得到真實慧，這種慧有兩個層次。依菩薩道來說，得到初地時是入真道，到了第八金剛地時得到金剛心慧，這兩種都是真實慧。第一個層次的真實慧，能滅除身體上的苦惱。苦惱有身、心兩方面，身體的苦惱多數是生病，而這病惱從煩惱而來，心理的毛病能影響身體。到了第二個層次時，就能斷除一切內心的煩惱，包括習氣。一般到了阿羅漢的境界就能證得根本智，到了菩薩地能證得真實慧，不論是根本智或真實智，都已徹底斷除身心的苦惱。

見疾病人，當願眾生：知身空寂，離乖諍法。

見到疾病的人時，當願眾生了解到生病的原因。第一是因為業力，第二是因為組成身體的元素——地、水、火、風四大不調，這樣觀察就知道身體是空寂的。由四大組成的身體，是緣起和合，所以是空的。若能觀空，就沒有乖違法了，因為不懂觀空，才會有乖諍法出現。如果能與法相應，這些不調和的現象就不存在了，這樣一來，身心都不會有疾病發生。

修禪定的行者，當身體有病時，就觀想身體的空幻，病很快就會消失了。有些本來有病的人，修了禪定病就好了，因為身體既然是空幻的，如何會有病呢？因此，修行境界高者很少會生病，甚至是完全無病的。從觀想中，不但能遠離身體的毛病，同時能離開不相應的法，不會與人發生爭執。

見端正人，當願眾生：於佛菩薩，常生淨信。

見到生得端正、美麗的人時，當願所有眾生，於佛菩薩能常生起淨信。淨信即表示一種很端正的信仰，並不是沒有理智的，而是清淨心的信仰。如果以為信佛菩薩就能保佑我們中彩票、發大財，這種信是不淨的，因為內心是污染的。學佛就是為了使心得到清淨，如對佛有非分的要求，信心就不淨了。假如佛菩薩沒有做到你所要求的，信心就會退卻了，這種信心是一種貪心，是求有代價的信心。根據因果業力來說，一個對佛菩薩有淨信的人，內心會得到清淨，所現之相也是端正的。

見醜陋人，當願眾生：於不善事，不生樂著。

人所以長得醜陋，是由於造的惡業太多。從現實來說，一個即使長得很好看的人生起氣來，樣子也會變得醜陋。所謂相隨心轉，一個人的內心清淨、端正，外表也是端正的；內心若是不淨的，外表也是不正的。知道了這個道理，當見醜陋人時，就要願一切眾生都不會造作惡業。不隨意造作惡業，這樣就能得到端正的相貌。

見報恩人，當願眾生：於佛菩薩，能知恩德。

當見到懂得報恩的人時，當願所有的眾生，對於佛菩薩的恩德都能了知。佛教非常強調報恩，一個人活在世上要有報恩的態度，因為世間上所有的眾生對我們都有很大的恩惠。不過有些是直接的，如父母、師長之恩；有些是間接的，如科學家發明了火車，對一切眾生都有好處。佛要我們以這樣的眼光來對待一切眾生，才不會有傷害的心，祖師們曾說：「滴水之恩，湧泉以報。」這是要以恩報恩。佛菩薩對眾生的偉大恩情，眾生有時感受不到，一旦感受到時，真是慚愧得不得了。這種恩共有十種：

1.發心普被恩：佛菩薩初發心時，已經普被一切眾生，他們誓願要度盡一切眾生。

2.難行苦行恩：為了度眾生，所作所修的都是非常艱辛、困難，甚至非一般人所能為的，若有看過佛陀本生故事的人就會了解了。

3.一切為他恩：佛菩薩所作的一切都不是為了自己，主要還是想如何使眾生得到快樂。

4.垂行六道恩：佛菩薩為度眾生，常以六道身出現世間，如現人身、畜生身，地藏菩薩就是現地獄身度眾生的。因為他們也要像眾生一般現受苦相，才容易與眾生相處。

5.隨處眾生恩：眾生一日不了生死，不能成佛，佛菩薩就不願離眾生而去。如經裡的常精進菩薩就為了一個頑劣的眾生，而跟隨他出入人間地獄幾回才度脫他。

6.大悲深重恩：佛菩薩度眾生的悲心之切，非常人所能想像，他們視眾生如自己的子女，眾生墮落，他們就設法挽救他們。

7.隱勝彰劣恩：當佛菩薩證得佛或菩薩的境界，實際上就能以淨土來度眾生，所現的身相是很偉大莊嚴的。但為了某些頑劣的眾生不肯到淨土或無法往生，他們只好現粗劣的身體來度眾生，如釋迦佛陀。

8.隱實施權恩：為了遷就眾生的根機，佛菩薩不得不把殊勝的法門隱起來而說比較粗略的法門，想盡種種可以吸引眾生的法門來幫助眾生解脫。

9.示滅生善恩：因為眾生很容易忘記佛菩薩的恩德，見到佛就不覺得稀奇，為了增加眾生的信念，使他們有稀有難得的感覺，所以佛陀要示現涅槃相。

10.悲念無盡恩：據說佛本有一百歲壽命，但為了讓末法的眾生有一點的福報，所以提早入滅，把剩下來的二十年福報布施給眾生。可見佛所作的一切都是為了眾生，所以眾生必須有感恩心才行；而要感謝佛恩的唯一方法是精進修行，盡力護持佛法，弘揚佛法。

見背恩人，當願眾生：於有惡人，不加其報。

見到背恩的人時，就願眾生對有惡的眾生，都沒有報復的心。雖然惡人曾做許多對自己不利的事，也不要有報復的心存在，即是以德報怨的心和寬宏大量的態度，善待他們。

若見沙門，當願眾生：調柔寂靜，畢竟第一。

沙門與下面的婆羅門都屬於宗教師，佛世時的宗教師有兩種，一種是出家的宗教師，一種是在家的宗教師。前者稱為沙門，佛教的出家人也稱為沙門，不過稱為沙門釋子；後者稱為婆羅門。沙門是止息義，即止息內心的惡業，有時也稱為淨志，即有清淨的意志。所以見到沙門時，就願一切眾生都能調柔內心，得到寂靜。

一般人的內心是剛強的，剛強的心不容易轉變。當造惡業時，內心是凶狠的；假如心是調柔的，即表示內心已與清淨法相應，就能發出慈悲的心。得到調柔心時，就能證得涅槃的境界，證得這種境界，則畢竟第一。我們學習的目的就是這樣。

見婆羅門，當願眾生：永持梵行，離一切惡。

婆羅門是當時婆羅門教的宗教師，多屬在家的。他們小時要修習《吠陀》，長大後就結婚生子，中年後就要到山林裡去修行，這是他們修行的層次。有時婆羅門也指佛教裡的宗教師，甚至是出家人。總之，佛說的婆羅門多是指修梵行的人。見到婆羅門時，當願眾生都能永遠修持清淨的法門，離去一切惡。

見苦行人，當願眾生：依於苦行，至究竟處。

苦行是一種修行的方法，在佛世時是非常流行的，許多外道都用這種方法。即是盡量使身體受苦，有烤火、游泳、單腳立等，目的是希望生天。假如看到這樣的人時，即願眾生依於苦行能達到究竟處。因為當時苦行是很受歡迎的，所以佛說法教導弟子時，也常用這個法門。不過佛雖開示這個法門，卻不贊成弟子過分地刻苦，而是有限度的。

外道認為身體受愈大的苦，愈能得到解脫，可是佛卻不認為這樣。因為佛曾修了六年苦行，每天一麻一麥充飢，瘦得不成人形。過分飢餓是無法修行的，飢餓的念頭常會打斷觀想，身體也支持不下去，所以佛雖修了六年苦行，卻不要弟子修過分的苦行。在佛的僧團裡，大家都用中庸的態度修行，當然也有弟子修苦行的，如大迦葉尊者就是其中之一。

佛教弟子修苦行，主要的目的並不是讓身體吃苦，而是要讓弟子能解脫物質的束縛。因為對物質要求愈高，心愈不容易得到解脫，必須盡量減少對物質的追求，提昇精神層次。所以，佛也讚歎修苦行的人。一般修苦行者對物質的態度都是很淡泊的，這種方法對修行者來說，如要修淨行或在森林中修行，就很需要這種方法。否則，終日把時間放在對物質的要求上，修行就很難成功了。

修行者如能做到苦行，就能達到究竟處。究竟處可分成兩方面來說，聲聞乘以證得阿羅漢的境界為究竟處；以菩薩乘來說，則是以證佛果為究竟處。佛未成道前曾修習苦行，做為一種訓練，最後終於證得佛果。佛的弟子生活也很清苦，所以能專心修行，就容易解脫了。

見操行人，當願眾生：堅持志行，不捨佛道。

操行指身節或操節，即所謂有氣節、骨氣的人，這種人立下志願以後，就不容易改變，一生為這個理想奮鬥。中國人非常重視這種氣節，故在中國常出現這種類型的人物，因為人們尊崇他們的氣節，死後都被尊如神明來禮拜。見到這一類的人物時，當願所有眾生都能堅持志行。修行者同樣要有這種操行，當我們認定了一個法門後，要專心去修，不要隨便更換，沒有恆心的修行是不會有效果的。就像煮開水一樣，如果讓它一直煮下去，水一定會滾的；如果煮不久，木柴燒完了，又換燒火炭，火炭用完又換煤氣，一直這樣更換，水要到什麼時候才能煮滾呢？

聖嚴法師曾說過，修行的道路有很多，目的是一個，不管是走哪一條路，終會抵達目的的。假如選了一條路後，走了不久覺得路不好走，又換另一條路，走了不久又換另一條路，這樣永遠都無法抵達目的地的。修行者在修行開始時，還未把握方法前，當然會有一番摸索的工夫。當發現了最適合的法門時，就要堅持下去，不必太過緊張、焦急，修行的效果不一定能看到或表現出來的，修行的進度是緩慢的，不是一、兩天或短期就可以收效的。即使經歷十年、八年，效果還是不大的，必須經過一段很長的時間，慢慢累積起來的。

所以，必須堅持所修的法門，不捨佛道，終有一天會成功的。佛道是長遠的，必須有恆心，堅持忍耐，才能走完。畢竟有許多眾生可能是這一世才開始，也可能只是學過一段很短的時間而已，為了成就佛道，對所修的法門就要有一種節操、忠心的態度，不管效果地做下去，甚至要有失敗的準備。

見著甲胄，當願眾生：常服善鎧，趣無師法。

甲胄是軍兵穿的戰服，即是看到軍隊時，當願一切眾生，都能常常穿著善鎧。佛教所說的善鎧，是指忍辱和精進。經中常比喻修六度等於穿上六件鎧甲，衝進煩惱的軍陣中去殺死煩惱賊。忍辱是不容易做到的，要忍逆境，也要忍順境，對修行者來說，這才是真工夫。

一般人最不易做到的就是忍辱，別人的善語或惡語都能令你心動，心隨別人而轉移。這樣就像傀儡一樣受人控制，通常人都是環境的傀儡，一直受到環境的左右和影響，內心沒有一刻真正地安靜。假如能真正做到內心安靜，不為外境的順逆而動心，就像佛陀一樣，因為佛心是有大智慧的。他觀察一切都是空幻的，不必為空而歡喜、忿怒。修學佛法時，就需要這麼一件忍辱的鎧甲，在殺煩惱賊時，才不會被傷害。

精進也非常重要，如果沒有精進，不發長遠心，修行是不易成就的。只有以忍辱、精進的態度修行，才能趣向無為法。軍陣有一師一師的分別，而修行者穿上忍辱鎧甲衝鋒入陣時，是沒有軍隊的，即表示不是如外在的作戰，而是內心的作戰。學佛即要如此，當先具備了足夠的力量後再去作戰，就不會被煩惱賊所傷害了。

見無鎧仗，當願眾生：永離一切，不善之業。

當見到沒有鎧甲仗時，即沒有戰爭發生，就願所有眾生都能永離一切不善之業。鎧仗是不善之業，從歷史上可以知道，戰爭帶來許多痛苦，犧牲無數的生命，其罪惡是很重的。總之，戰爭一發生就可以看到最殘忍的一面了。阿育王初登基時，很喜歡打仗，終於統一了全印。

有一次他們打勝仗後，發現死傷人數非常多，阿育王見了很難過，雖然勝利了，卻無快樂可言。從此他懺悔了，就皈依佛教，解散軍隊不再打仗。他曾說過，正法的勝利，才是真正的勝利。戰爭是所有不善業裡的最不善業，戰爭對眾生的影響太大了，所以必須永遠息戰。當然不善之業，也同時暗示眾生內心的不善業。

見論議人，當願眾生：於諸異論，悉能摧伏。

印度人很喜歡辯論，佛世時這種風氣已經很盛，這從佛的傳記裡可以看出。在當時的印度，只有通過辯論才可以成立自家的理論。後來佛教在印度衰敗，就是因為缺少善辯的論師，辯輸了就只好離開，佛教就因此衰微下來，甚至滅亡。見到議論的人時，當願眾生都能破除異論，因為只有摧伏邪論才能顯示正論，即所謂破邪顯正。

見正命人，當願眾生：得清淨命，不矯威儀。

正命在佛教裡，是指通過正當職業生活的人。對一個佛教的出家人來說，有五種邪命。即：

1.詐現奇特：表現得古怪以吸引別人的供養，這不是佛弟子所應為的。佛說修行是在日常生活裡培養的，並不是裝瘋賣傻、標新立異。所以民間很崇拜的濟公，在佛教史上是沒有地位的，就是由於他的行為不合乎佛教的正統，只能算是旁枝。學佛本來就不是為了標新立異，只是在日常生活中修行。

2.自說功德：宣揚自己了不起的地方。

3.占相吉凶：為眾生看相算命賺錢糊口，這是出家人所不應該做的。

4.高聲現威，令他敬畏：用權力壓倒別人，以顯自己的威風。

5.為利養而為他說法：為貪求別人的供養而說法，也是出家人所要禁止的。

佛陀在世時，如果為人說法後就不接受他的供養，只有在供養後才說法。假如在道路上看到離開邪命而過正命生活的人時，就願一切眾生，都能得到清淨命，即依正命求得生活，不矯柔做作。八正道的其中一道是正命，可見正命是學佛很重要的一項。只要是存有僥倖心理去獲取錢財的就不是正命了，因為僥倖的心理通常即是貪心，讓貪心滋養起來，煩惱就永遠斷不去。

若見於王，當願眾生：得為法王，恆轉正法。

見到國王時，就願一切眾生，都能成為法王，即願一切眾生都能成佛，恆轉正法。「轉」這個字有多種意義：譬如輾轉義，在時間上要將佛法一代代輾轉下去，在空間上要將佛法輾轉到世間上每一個角落。

若見王子，當願眾生：從法化生，而為佛子。

見到王子時，當願一切眾生，都能成為佛子，是從法化生的。眾生聽了佛法後，改掉以往的惡習，修行未來的善業，得到新的生命，就成為佛子。通常一般學佛的人可以稱為佛子，而稱菩薩為法王子，即為法王之子。經典上所說的法王子，多數是指文殊菩薩，即表示他是所有菩薩裡的上首，以後要繼承法王之位的。所有學佛的人，都是從法化生的，也就是說以後都有成佛的機會。

若見長者，當願眾生：善能明斷，不行惡法。

長者一定是有明確的判斷力，才能被稱為長者。一般，長者是指年紀較大、有地位而又受尊敬的人。當見到長者時，也希望一切眾生都有明斷的能力，能辨別善惡，這樣就有行善止惡的作用。

若見大臣，當願眾生：恆守正念，習行眾善。

大臣最重要的是能守法，以服百姓。當見到大臣時，就願一切眾生，都能像大臣守法一樣，除了恆守王法外，還要恆守正念。正念在佛教裡是非常重要的，因為如果念頭不正，所做的一切也就不正了。如果能恆守正念，所修行的就是善法。為了達到恆守正念，佛陀說了種種法門，如四念處、六念法等，其中最主要的還是三寶。假如能時刻恆念三寶，就不會做惡事；假如要修禪定，正念就更重要了。如八正道裡說：有了正念，接著就有正定。如果沒有正念，也不會有正定；沒有正定，就不會發正慧；沒有正慧，就不可能了脫生死。所以，佛常要弟子維持正念。不過因為外境的誘惑太強，要維持正念並不容易。

上面已把二十四願說完，接下來的二十二願是到城乞食時所發的。

若見城廓，當願眾生：得堅固身，心無所屈。

來到城市時，首先看到的是城廓——城牆，它的作用就是保衛城市。當看到城牆時，就願所有眾生都能得到堅固身。堅固身能保護內心，這樣一來，心就能無所屈服，能堅持著而不為煩惱賊所敗。

若見王都，當願眾生：功德共聚，心恆喜樂。

國家最重要的地方即是首都，它是全國的行政中心，同時也是教育中心、文化中心和商業中心，是全國最熱鬧的地方，就像所有好的功德都聚集起來。於是願眾生都能聚集一切功德，內心恆常喜樂，集作一切善業，以集種種的功德。國家裡的國都都是全國最具水準和重要性的城市，表徵眾生都能聚集最好的功德於一心中。

見處林藪，當願眾生：應為天人，之所歎仰。

林藪指有樹木集中的地方，表示所有功德都集中一起時，就會得到天人的恭敬、歎仰。就像佛陀圓滿具足了一切功德，所以能受天人的敬養，故佛陀又稱為阿羅漢——應供之義，應受天人的供養，即因為佛陀集所有功德於一身之故。所以見到這種情形時，就願一切眾生都能如佛陀一樣。以上三願是進城時，所見城市的總相而發願的。

以下是就城市裡各個地方和情況而發願的。

入里乞食，當願眾生：入深法界，心無障礙。

里是有人聚居的地方，即小村，乞食一定要到有人住的地方。當進入里時，就願一切眾生都能進入甚深的法界。在佛教裡，法界這個名相是非常重要的，它含有多種意義，這裡就談談其中較淺的意義。

簡單說來，法界可有二義：

一、諸法之界限或界別。世間每一種法都有其差別相，差別相就是法界。這是從世間的相上來看，如眾生就分成十種法界，即地獄、餓鬼、畜生、阿修羅、人、天之六凡法界，加上聲聞、緣覺、菩薩、佛四種聖界。頌中說的入深法界，如果以這個角度來看，最低限度是進入四聖法界；如說進入甚深法界，那當然是佛法界了。總之，修學佛法就是為了使每一眾生都可以進入佛的境界。

二、若從理性的角度來看，法界是指真如理性，真如即佛性；理性是無差別，平等平等的。從事相上看有種種差別，從理性上看則是無差別、統一性的，故法界也稱為法性，即眾生身心的本性。法的本性充滿法界，此法界是理性的法界、平等的法界。若談到真如實相時，所指的當然就是這種法界。

《華嚴經》就常說一真法界，是絕對無差別相的，而眾生心願顯現出來的，就有種種差別。實際上，心性是平等的，就是指每一眾生都有的佛性是平等的。雖然所顯的相是有差別的，而本性卻是無差別的。入深法界，即進入平等無分別的境界，學佛的最後目標就是這個，也即是成就佛道；得入佛境時，心就無障礙。所謂無障礙，就是沒有差別相，有差別相就有障礙。

到人門戶，當願眾生：入於一切，佛法之門。

到了人家的門戶前時，當願所有眾生，都能進入一切佛法之門。佛法之門有很多，所謂「歸元無二路，方便有多門」；也即是說，要進修佛法大海或入深法界時，有許多法門可以通往。學佛的方法有很多，而隨各人的根機、喜好選擇最適合自己的去修。因此，佛教裡就有各種宗派，每一宗派都有其修行的法門，而且是多種法門，這些法門都是供給眾生修行。

佛在世時，說法的情形也是這樣，不單說一種法門，而是說種種法門，以適應各個眾生的習性。若能以適合自己個性的方法來修，就比較容易成功。如貪心重者修不淨觀，瞋心重者修慈悲觀，癡心重者修緣起觀，散亂心重者修數息觀，業障重者修念佛觀或禮佛、拜懺等等。眾生為了急於成就佛道，對每一法門都想學習，結果因工夫太散漫，每一法門都只懂一點，這對個人的修行成就是不大的。為了個人的成就，修行應該是一門深入比較好，這樣才能專精於法門，得到真正的受用。

可是從另外一個角度來看，若要出外弘法，就不能單學一個法門了。這樣所度的眾生就很有限，所以要兼學其他法門，可是在個人來講，還是需要有一門是專長的法門。現代人修行，最好的老師已經涅槃，能教人的出家師父也少得可憐，但還有一位很好的老師可以指導我們——即是經典。經典上就記載了各種修行的方法，在沒有好的老師指導下，經典就是最好的老師。

修學佛法有多種法門，能進入每一門當然是最好的事，因為這樣就可以度許多眾生。不過對初學者來說，當進入佛法之門時，就要選擇最適合自己的來學習。而欲進入佛法之門，首先要皈依三寶，不皈依三寶，就永遠徘徊在三寶門外看熱鬧而已。

入其家已，當願眾生：得入佛乘，三世平等。

出家人出外乞食，有時是在人家門外接受布施，有時是進入施主家裡接受供養。當他進入家門時，就願所有眾生，都能進入佛乘。通常說佛法有三乘，即聲聞、緣覺和菩薩，是進入佛法大海的三個門。因為眾生的根機有差別，佛陀只好用有差別的法門來教導，如果佛陀只說一乘法門，根機不夠的眾生就沒有辦法學習。當修行者的程度已足夠進入佛乘時，一切都平等了，三乘就回歸一乘了。從時間上說，是三世平等。所以後期佛陀都要那些聲聞弟子們迴小向大，放下自度的法門，做利他的工作。當能夠做到利他的法門時，即是進入佛乘，這時一切都得到平等，沒有高低大小之分了。

根據《華嚴經》或《法華經》所說，所有眾生修行的目標，都應該是進入佛乘。佛就曾在《法華經》裡說，唯有一乘法，無二亦無三。無論修哪一個法門，最後都會歸入佛乘，縱使修的是小乘法門，佛也會引導入佛乘，入佛乘即表示無差別相。

見不捨人，當願眾生：常不捨離，勝功德法。

見到不肯施捨的人時，當願眾生，都能不捨離殊勝的功德法。修學殊勝的法門，能得到種種殊勝的功德；知道了殊勝的法門後，就要常不捨離，時時刻刻保持這樣的正念，把修行的方法記在心裡並常運用。這種修行的方法，即是不捨離，一旦捨離殊勝法門，就很容易造惡業；若能常常繫念著它，所做的就都會是善業。

從這些善業，能引生種種福報功德，只有不捨離殊勝功德，修行才會進步。因為不捨離善法，即是捨離了惡法，沒有惡法，就不必受苦。

見能捨人，當願眾生：永得捨離，三惡道苦。

當見到能施捨的人時，就願一切眾生，都能永遠地捨離三惡道苦，捨離這三種不好的果報。無始以來，眾生在六道裡經歷了無數的輪轉，六道都經歷過了，這些都是很苦的經歷，都是各人的果報所致，有果報就必定有它的原因。惡報必定由惡因而來，如果不守戒、沒有道德觀念，就很容易掉落到三惡道裡。

落到三惡道很容易，要出來就不簡單了。所以得到人身，如果不好好珍惜，一旦失去時，後悔就來不及了。因為在三惡道裡，造善業的機會實在太少了，只有受苦的份兒。沒有善業，如何脫離惡道呢？要捨離惡道苦的最佳方法，即是不造三惡道的惡業。

佛法又說，欲保持人身不失，最佳的辦法就是受持五戒。五戒持得好，就有來人間的機會，只要在人間，就有機會聽聞佛法。在三惡道裡所受的痛苦，是人所不能忍受的，但對惡道的眾生來說，卻是受之不竭而又死不去的。這種痛苦只有業報受盡時才會完結，所以就要願眾生都能捨惡因、惡果。一般，眾生是畏果不畏因，而菩薩是畏因不畏果，學佛的人應該要學菩薩，不要等到果報到來時，才來後悔、害怕，那時已經來不及了。如果在造因時就想到其結果，當然就不會有造惡業的心念了。

若見空缽，當願眾生：其心清淨，空無煩惱。

缽是出家人去乞食時，用以盛食物的用具。看到空缽時，一是還未乞得食物，一是無人供養。這時不但不起煩惱，反而願一切眾生心都是清淨的，如空缽一樣空空如也。菩薩托空缽，可能這一天就必須挨餓了，不過他不但不為自己煩惱，反而想念眾生，這是菩薩的偉大。煩惱是不好的心理，會引導眾生走向壞的方面，一般說有貪瞋癡三毒：人有填不滿的欲壑，也有控制不住的瞋心，而這兩種都是從癡而來。

若以智慧觀察，一切都是緣起性空，沒什麼可貪可瞋的，這樣煩惱就生不起來，心就能清淨。清淨的心不會造惡業，學佛的目的就是學智慧，以智慧觀察世間的真相，明白世間的真相後，就不會造惡業。如《心經》云：「照見五蘊皆空，度一切苦厄。」不只是個人離苦，也能度脫一切受苦的眾生。眾生內心的種種污染，要以佛法的智慧法水來洗淨它。

若見滿鉢，當願眾生：具足成滿，一切善法。

若見滿鉢時，就願一切眾生，都能圓滿所有的善法。善法有許多，所謂法門無量，要圓滿一切善法需要很長的時間，所以學佛是不必急著成就的。除了發菩提心，還要發長遠心，一旦發心成就佛道，就要準備用三大阿僧祇劫的時間來完成它。如果急於成就，反而欲速則不達，貪快的心理是成功的一個障礙。

若得恭敬，當願眾生：恭敬修行，一切佛法。

當見到施主很恭敬地供養時，就願一切眾生，都能很恭敬地修行。所謂佛法在恭敬中求，沒有恭敬心，是無法求得尊貴的佛法的。即使是世間法的法則也是如此，對老師不尊敬，就得不到老師的悉心教導。學佛要親近善知識學習，就更必須要有恭敬心，如果抱持著隨便的態度，絕對學不到最好的法門的。不只是恭敬佛，還要敬法、敬僧，這是絕對的道理。如果是修禪的行者，連坐墊也要恭敬，因為它是助我們成就佛道的工具。恭敬心能激發信心，有了信心，就能毫無困難地接受佛法。

不得恭敬，當願眾生：不行一切，不善之法。

有時在乞食時，得不到施主的恭敬，就願眾生不行一切不善之法。當得不到恭敬時，要知道別人不恭敬自己的原因。中國俗語說：「敬人者，人恆敬之。」別人不恭敬你，表示自己也不敬別人，自己所作的都是不善之法。不善之法是因，別人不敬是果，所以要願一切眾生，都能遠離一切不善法。世間上有許多人生活在貧窮裡，一生得不到別人的恭敬，這是他們的果報使然，沒有什麼可怨可瞋的。

見慚恥人，當願眾生：具慚恥行，藏護諸根。

慚恥即慚愧心，這是每一個人都應有的，且是非常重要的。有羞恥心即表示有道德、倫理的觀念，即使是做惡事，也不會是最惡的一種。畜生是沒有慚愧心的，人如果沒有慚愧心，就等於畜生一樣了。有慚恥心，無論是對戒律、對自己的良知或眾人的議論，都不敢造作惡業，因為要對自己負責，尊重自己的人格。菩薩願一切眾生都有慚恥心，所做的都是有慚恥的行為，這樣一來，就能保護眼、耳、鼻、舌、身、意六根。六根緣外在色等六塵，六塵有刺激的作用，如果是一個無慚恥心的人，這樣一刺激，貪等惡念就會生起而製造惡業。假如能善於防守六根門頭，在它接觸外塵時不產生惡念，就不會製造惡業。當六根接觸六塵時，這是個很重要的時刻，一念善或一念惡對前途都有影響。

如佛世時有一個小沙彌，因貪食乳酪，即因為舌根的貪著，死後竟墮在乳酪中為蟲。故六塵前五種又稱五欲，是吸引眾生生起欲望的媒介。所以，學佛者必須藏護諸根，但不是故意破壞六根而避免六塵。只是在接觸外塵時要懂得保護，好好作觀維持正念，就不會被外境引誘去了。就像烏龜遭遇侵擾時，頭尾二手二足都藏在硬殼下，就不會受到傷害一樣。眾生若能時時刻刻守護六根，就不會墮落，要做到這一點，就要有慚愧心和慚恥行。

見無慚恥，當願眾生：捨離無慚，住大慈道。

見到沒有慚恥心的人時，就願一切眾生，都能捨離這種無慚愧的心，而具有慚恥心。沒有慚恥心的人，所做的事情往往是一般人所不能想像的，如父母、兄弟姊妹亂倫或互相殘殺等。菩薩除了可憐他們外，也發願眾生都有慚恥心，能住在大慈道裡。只有佛陀有大慈心，慈心是所有善行裡最高的一種。當然他不會有無慚恥的行為，發慈悲心，修大慈行，希望一切眾生都得到快樂。

當你幫助眾生尋求快樂時，就不會有傷害他們的心。只要是有慚恥心的人，才有可能將慚恥心發展成大慈心，否則惡事做盡，哪有慈心可言？開始時，慚恥心是為了自己的利益，若將之提昇就是為了眾生，因為自己所做的善事，能使眾生得到快樂。

若得美食，當願眾生：滿足其願，心無羨欲。

從這一頌開始的七個願，是敍述行乞者已經得到食物，正在食用時所發的願。得到美味可口的食物時，當願一切眾生，都能滿足願望。眾生都是喜愛美食的，菩薩已經得美食，個人的口欲滿足了，也願眾生都能滿足各自的願望。最大的願，莫過於菩提心——菩薩的「四弘誓願」，能滿足這個願望，就能成就最高的佛果。

但發願只是一種理想目標，還要盡力去實行。在未完成所願時，心裡常懷一種羨慕欲求的念頭；如果已經完滿願望，這種心理就會消失了。為了滿足所願，就非要好好地下一番工夫不可，如果只是空想，是不會成就的。

得不美食，當願眾生：莫不獲得，諸三昧味。

如果得到不美味或粗糙的食物時，就願一切眾生，都不會得到不好的東西，皆獲得諸三昧味。在修行的過程中，要得到身心輕安，就一定要得到三昧——即禪定的工夫，這是所有美味中最美味的。整個身心六根都需要食物的滋養，好色滋養眼根，好聲滋養耳根，好味滋養舌根……等。如果六根所得到都是不好的外塵，六根的感受就不舒服，身心兩方面的感受也就不安適。對六根來說，這就不是美食，六根最好的美食就是修習禪定。

當修禪定時，身心都能感到輕安，尤其是當心達到平靜時，內心沒有恐懼、憂愁，外在六塵的好壞都影響不了你，這樣六根就不會感到苦惱。禪定愈深，分別心愈少；分別心大，苦惱也愈大。更進步的，當從禪定中出來時，心的境界是愉快的，所見的任何一事一物都是世界上最好的。如弘一大師在吃飯時，無論什麼味道的食物，都吃得津津有味。因為任何味道對他來說，都是無分別的，什麼味道都是最好的。

佛陀看凡夫時，凡夫都是佛陀；而凡夫看佛陀時，佛陀也是凡夫，這就是心境的不同。凡夫有煩惱，常被貪瞋癡之心所阻礙，所以有分別心。佛陀沒有，所以一切眾生都是平等。得入諸三昧的人，在他們的感覺裡，每一樣食物都是世界上最美味的；六根接觸六塵時，都覺得這是最美味的食物。

得柔軟食，當願眾生：大悲所熏，心意柔軟。

柔軟的食物是比較好吃、滑甜的，吃到這樣的食物時，當願所有的眾生，都能受到大悲心的熏陶，心意得到柔軟。大悲心對學佛者是非常重要的，因為要成佛必須有三個條件，大悲心就是其中之一。大悲心是成就眾生的心願，有大悲心才會有大悲行，當眾生在受苦惱時，願眾生都能拔除苦惱。沒有悲心就不可能行菩薩道，因為沒有悲心就不會想到要幫助眾生。

印順法師說：「不忍聖教衰，不忍眾生苦，緣起大悲心，趣入於大乘。」因見眾生受苦、見聖教衰微了，假如悲心再不發起來整興聖教，眾生就不會因聖教而得到解脫了。每一個眾生都有苦惱，都想自己早日脫離苦惱，而當菩薩在受苦時，不是願自己離苦，而是聯想到眾生的苦，暫置自己的苦於一旁，先去解救眾生之苦，這即是菩薩偉大之處。

宋朝范仲淹也說：「先天下之憂而憂，後天下之樂而樂」，這與菩薩是差不多的。《華嚴經》說：「但願眾生得離苦，不為自己求安樂」，在菩薩心目中自己的苦樂只是個人的事，眾生的苦樂才是最重要的，只有眾生都快樂，菩薩才會快樂。佛教裡的菩薩們就是有這麼一種大悲心，總要想盡辦法解救眾生，尤其是地藏菩薩，不但要解眾生苦，而且是深入地獄，為眾生赴湯蹈火。雖然地獄的眾生是最難度化的，地獄也是無人願意去的，他就是發願要去，因為他認為如果無人去度化他們，這些眾生受苦的日子真是求出無期了，這是只有發了大悲心的菩薩才能做到。而菩薩度眾生時，為了讓眾生樂意接近，所以是隨類化身。

在大悲心的驅使下，菩薩所做的都不是常人所能或願意做的事。維摩居士這位大菩薩就曾說：因為眾生有病，所以我病。這就是一種大悲心的流露，沒有大悲心，是行不得菩薩道的。而大悲心表現的是心意柔軟，眾生的心是剛強難伏的，就如鋼鐵般，非經大冶洪爐無法屈服。眾生的惡性不易改變，所以不易導引他向上，對這種人連佛也要搖頭嘆息的。心意柔軟的人，就容易產生大悲心。

在修行的過程中，不管是用什麼方法，到了某種程度時，慚愧心就會生起，禁不住眼淚就會掉下來，這就是心意柔軟的表現，心意柔軟就可以發展成大悲心。從柔軟的食物中，聯想到眾生而發願眾生都有柔軟心、大悲心，都是走向成佛的道路上，這麼多眾生發菩提心，所度的眾生就更多了。

得麁（粗）澁食，當願眾生：心無染著，絕世貪愛。

得到粗糙或粗澀的食物時，當願眾生不要染著世間法。如以粗細來分別，世間的惡法即是粗法，世間的善法即細法，不論是善或惡法，都是世間法。而站在佛法的立場看，凡世間法都是粗法，只有無為的出世間法才是細法。對世間法有所染著或執著，就絕對無法了脫生死。學佛的目的是要了脫生死，假如因為對世法染著而不能達到這個目的，那真是太可惜的事了。在世人的眼光看來，有許多世法都滿好的，其實如有機會嘗到佛法的法味，或從修行中得到細法的體驗，就會知道世法實在是不值得留戀、染著的。

修行者所要厭離的就是貪愛，因為貪愛是生死的根本。眾生最貪愛的就是自己，對自己以外的人，愛的成分較低，當遇到災難時，這種心理就會顯露無遺。如能真正斷除貪愛心，就不會再有輪迴的情形了。解脫就是有智慧，能透視世間是怎樣一回事，這樣一來，貪愛就生不起來，沒有了貪愛，一切都容易解決了。貪愛是一種非常粗的法，所以要除去它。

若飯食時，當願眾生：禪悅為食，法喜充滿。

當在吃飯的那個時刻，就願所有眾生，都能得到最好的食物——即修禪所得的喜悅。只要有修行的人都會有這麼一種經驗，心境比平時平靜得多。眾生感到苦惱，是因為內心有一種煩惱的衝動，如能通過禪定平息內心，就會有一種與平時不一樣的感受，經中稱為輕安。有了這種感受後，會產生一種歡喜的心，是與平常的歡喜有不一樣感受的。

一般的歡喜是因為接觸到順的外境而引生的，如果外境不讓你歡喜，你就會苦惱，所以是受外境左右，沒有一個時刻是自在的。而修行禪定所得的歡喜是發自內心的，這時即使被人罵得狗血淋頭，還是神態自若。內心歡喜的人，無論在任何地方都是歡喜；內心苦惱的人，無論在任何地方都是苦惱。如從佛法中得到的法喜，發自內心同時感染別人，這樣做起度生的工作就方便多了。要得到這種喜悅，最好的方法即是修禪，這種喜悅有如食物一樣能滋養身心。所以，禪修工夫好的人，可以少吃少睡都沒有關係。

不過從禪定中產生出來的歡喜，未必是出世間法，但就是從禪定中能有這種體驗。如從智慧中得到歡喜，其利益就更大了，如佛菩薩莊嚴慈悲的樣貌，使人見了都有親切感，這就是他們都從智慧發出來的歡喜，感染了其他眾生，所以希望所有眾生都能通過修行的方法而得到歡喜。

若受味時，當願眾生：得佛上味，甘露滿足。

當吃飯嘗到味道時，就希望所有眾生都得到佛的上味，不論那是不是美食，柔軟或粗澀等。佛的三十二相中的第二十六相，是咽中津液得上味相。佛舌頭上的分泌物都帶有美味，所以無論佛吃的是什麼食物，都會覺得很好吃，即使是最不好吃的食物到了佛的口中，都會是最上味的食物。

簡單地說，如參加禪七，整日念佛、拜佛，內心充滿法喜，吃起飯來就覺得特別美味，修行使我們對世法有了不同的感受。願眾生得到上味，其實就是願眾生都能修行，得到甘露滿足。甘露是印度人傳說中的不死藥，佛教借此名詞，比喻佛法就像甘露一樣，只要把佛法吃下去，即實踐佛法時，能達到不生不死的境界。眾生得到甘露的灌注，就能達到這種境界，所以希望眾生都能嘗到最好的法味，嘗到不生不死的甘露。

飯食已訖，當願眾生：所作皆辦，具諸佛法。

飯食吃過後，願所有眾生，都能把所有應該做的事情辦理好。眾生最應該做的事就是生死大事，生死大事解決了，就是所作皆辦了。眾生因為所作的未解決，所以有生死苦惱。世間最大的苦惱就是這個，也是其他苦惱的根源。如果在世間所應完成的事情都完成了，就不再受到輪迴之苦，這時就得到了所有的佛法。如從聲聞乘來看，證到阿羅漢果位時，就是所作皆辦了。如從菩薩乘來看，證得佛果時，才是所作皆辦了。菩薩還有輪迴的情形，但與眾生的輪迴不同，眾生是因業力而輪迴，菩薩則是因願力而輪迴；前者是不得已的，後者是自願的。

學佛者就是要以願力來抵抗業力，願力愈強，就不怕業力的牽引。如念佛者發願往生西方，就是願力與業力的一場硬戰。願力戰勝，往生有望；願力不足，就要受業力的拖累，不得往生。菩薩發願度眾生，所以要輪迴，只有這樣，眾生才不會感到害怕。如果佛陀一直生存到今天，恐怕今日的眾生不敢接近他了，所以現生死相，讓眾生有一種熟悉的感覺，才會樂於親近。但因為是願力的輪迴，想到任何一道都能如願，不受阻礙。

若說法時，當願眾生：得無盡辯，廣宣法要。

通常飯食過後，佛就為施主們說法，如果沒有施主，佛也會為其弟子說法，如《金剛經》就是佛在飯後為弟子說的。當說法時，就願一切眾生，都得到無盡無礙的辯才。說法時，能滔滔不絕像河水一樣沒有停止，有無盡的法讓他演繹；有無礙的辯才，使他所說的法，眾生都能明白接受；有了無盡無礙的辯才後，就能廣宣法要。有口才的人，所說的話就能吸引人，使眾生都能歡喜接受。

關於吃飯的願已經講過了，接下去的願是從施主家出來，回到寺院裡，洗浴和有關時節炎涼所發的願。

從舍出時，當願眾生：深入佛智，永出三界。

飯食用過了，法要也說過了，就要離開施主家，這時要願所有眾生都能較深地契入佛智，這樣就能永出三界。三界如火宅，而眾生還懵然不覺，學佛就是為了脫出三界。三界的眾生，不管是以欲望維持生命的欲界眾生，還是以禪悅為命的色界與無色界眾生，煩惱都未斷除。即使是無色界最高的非想非非想天，其禪定之深有如進入涅槃，而實際上還沒有這種程度，只是禪定的工夫強，把煩惱暫時伏著而已；一旦禪定力量減輕或消失時，煩惱又會抬頭，再輪迴於六道間。如此深刻的定力仍無法超脫生死，只有深入佛智，斷除煩惱，才是徹底解決了生死大事。智慧就如利劍，能割斷生死之根。

學佛以持戒修定為修學之基本工夫，然後以智慧為最高目標之完成。戒定慧的修學，先以戒遠離煩惱，以定壓伏煩惱，再以慧斷除煩惱。以戒定慧的力量超出三界，便不再有輪迴了。如修菩薩道發願再來的眾生，這是願力的輪迴，是不再受業力控制。

若入水時，當願眾生：入一切智，知三世等。

以前要洗澡，是在河裡或水池裡。當要洗澡進入水裡時，就願一切眾生，都能進入一切智。前一頌說的佛智，是指一切種智，通常一切智是指阿羅漢的智慧，這種智最大的功用是斷煩惱。菩薩智稱為道種智，知道每一個眾生的根機，該如何去度化他們的智慧，當一切智與道種智都圓滿時，就是一切種智。一切智是能知三世等，對業果輪迴的情形也都知道得很清楚，所以有了生死的作用。

洗浴身體，當願眾生：身心無垢，內外光潔。

在洗浴身體時，願所有眾生的身心都沒有污垢。在事相上，我們用水洗去身上的污垢，心理的污垢就要以法水來清洗了。佛法所說的一切，都是洗滌內心污垢的方法。除去了外面的污垢，看起來就清潔、光亮，內心便感到歡喜，如能把內心的污垢也除去，所得的歡喜是甚深的；身心的污垢都除去時，內外都是光明、清潔的了。

洗浴過後，身心都能得到舒適，當內心的污垢洗清後，內心會有很平靜的感受，因為內心的污垢會給我們帶來苦惱，沒有了污垢，苦惱就消失了，取代的是無限的法喜。

盛暑炎毒，當願眾生：捨離眾惱，一切皆盡。

印度的氣候是非常炎熱的，當盛暑時，那種熱氣就像熱惱一樣地難受。這時要願所有眾生，都能捨離眾惱。因為炎熱也是一種苦惱，氣候能影響身心，從外在的熱聯想到內心的熱惱才是最難受，即是煩惱熱。眾生苦的根本是五蘊熾盛苦，由色、受、想、行、識五蘊組成一個身心，這個五蘊和合的身心就像熾盛之火一樣，其苦可想而知了。

吾人的身體，生理上會有老病之苦，最簡單的例子是一天不吃飯，就會難過得不得了。所以肉體是苦惱的，而內心的煩惱就更不用說有多麼苦惱了。當因太陽照射而苦惱時，就該想到眾生最苦的還不是這個，而是五蘊根身帶來的苦，所以希望一切眾生都能捨離眾苦。眾生對苦惱的事，雖然明知其苦，卻捨不得放下，所以捨離不去。現在就是要學習如何放下，捨下一切，才是最究竟的。如果苦惱不捨，它會影響眾生的心而起煩惱，因煩惱而造業，因造業而受苦，如此輪轉不息，無法出離。

暑退涼初，當願眾生：證無上法，究竟清涼。

當氣候較涼快時，就願一切眾生，都能證得無上法——即佛的境界，證到這種境界時，心是清涼的。涅槃寂靜的境界是清涼的，這是無法形容的一種境界，不過可以做一個試驗。在天氣很熱的時候，喝一杯水，把整個身體浸入水中，那種清涼的感受就與涅槃有點相似。而煩惱就像炎熱的氣候，佛法的水能使我們得到清涼。佛法也把戒律解說為清涼，因為通過持戒，就能達到究竟之境，得到清涼。佛法就像是夏天裡清涼的水一樣，能使身心感到清涼。

接下來的十願，是諷誦、禮拜時所發的願。

諷誦經時，當願眾生：順佛所說，總持不忘。

讀誦經典是為了明記經典中的意義，只有對經典所說的義理有深刻的了解，才會順佛所說，對佛法總持不忘。假如忘記了佛法，造業的機會就大了，所以要常常憶念三寶。念法就是把佛法牢牢記在心裡，誦讀是一個很好的記憶方法，如對佛法總持不忘，就會如經中所說達到智慧如海的程度。為了隨順佛所說的，就必須總持佛法、明記佛法，一旦忘記了，佛法就與我們不相應，這樣一來，在修行的時候或在日常生活中，都無法依教奉行了。為了依教奉行，正念是非常重要的，時時誦念佛經，常與佛法相應，使生活與佛法融成一片，就會知道佛法是多麼受用的。

在不得不輪迴的情況下，總持佛法，就一定不會墮入惡道，因為內心與佛法相應，就有機會再回到人間，也有機會再聽聞佛法、修持佛法，這是由於佛法已在內心種下，有了根深蒂固的作用了。這種作用，可以使我們在輪迴時，自然趣向有佛法的地方。可見這一世有機會學佛，不是一世的功德，而是聚集了多世的功德所招感的。

《金剛經》說，聽聞此經而不畏懼的眾生，這已不是一、二世的善根可以做到的，而是多生以來已種下善根、已曾聽聞般若法門的了。這種善法種子使我們在輪迴時不會離開佛法，這就要靠總持的力量，所以在輪迴時不必感到恐怖、憂慮，當然也不是說就要長期輪迴下去。

若得見佛，當願眾生：得無礙眼，見一切佛。

見到佛或佛像時，當願一切眾生都得到無礙眼，能見到一切佛。一些修行工夫深的人，常會在定中見到十方三世一切佛，有時佛陀也讓弟子看到其他國土的佛，以增加信心。所以，要願眾生都有好的福德智慧見到佛，增強他們的信心。

現在我們有機會見到佛像，還是不夠圓滿的，所以要發願見一切佛，同時願能供養一切佛。在西方極樂世界的眾生，不但有機會見佛，還有機會供佛。《阿彌陀經》裡說，其國土的眾生，每天早上都會去供養一切佛。我們有機會見到佛像，善根還是不夠，要願增長善根，能見到一切佛，供養一切佛。

諦觀佛時，當願眾生：皆如普賢，端正嚴好。

諦觀是很用心地觀察，諦觀佛像多是在打坐修觀佛相好時，或在念誦時專注於佛像。佛世時的眾生福報很好，能遇佛見佛，他們在看佛時，是目不暫捨的，現在我們只有看佛像的機會。佛像是經過人工製造的，當然會比真的佛相差一點。當見到莊嚴的佛像時，從諦觀中會產生出無限的恭敬心。當諦觀佛像時，就願一切眾生都如普賢，在此特別指出普賢菩薩，是因為他是一位已經登上等覺位的菩薩，其身相非常莊嚴。

《華嚴經》說：「普賢身相如虛空。」這並不是說他的身相是見不著的，而是形容其莊嚴的身相是沒有其他可以形容的詞句。如說佛有三十二相、八十種好，其實也只是用數目來作個有限制的而已。佛的相好是不能形容的，普賢菩薩的身相非常端正嚴好，端正的相使人起歡喜心，嚴好的相使人起恭敬心。

願眾生都有如普賢般的身相，即表示願所有眾生都能學普賢法門。普賢菩薩曾發了十個大願，如我們能依著去修，實踐成功的話，就能得到普賢菩薩莊嚴的身相。

以下五頌都與塔有關係，在此先談談塔的意義。塔本是印度的建築物，與佛教的關係並不密切，後來竟發展成為佛教裡很重要的建築物。塔本是盛裝舍利的建築，這裡所說的舍利，是指人死了經過火葬後所剩下的東西而言，供奉舍利是表示一種紀念。在印度有許多用泥土堆成的泥堆，就是一座塔了。後來佛陀涅槃後，弟子們就把佛陀的舍利建塔供養，據說有八國國王分別建塔安奉佛陀的舍利，於是塔就漸漸成為佛教裡供奉的對象。早期還未有佛像前，佛弟子們就是以塔為供奉的對象。

本來塔並不是很大的建築，後來因為佛教的興盛，為了讓更多眾生起恭敬心，塔就愈建愈大座了。現在在印度的那爛陀大學附近，據說是舍利弗的家鄉，就有一座很大的塔是紀念舍利弗的。本來此塔只有一層，經各代國王加建成七層塔，後來有四層被毀壞了，現有的塔是三層的。

早期寺院未有供奉佛像前，都是供奉舍利塔，或菩提樹或佛的腳印，因為他們不雕刻佛像，怕這樣做對佛是一種不恭敬。佛像是較後期才出現的，現在南傳佛教的塔的形式，稱為覆缽形，裡面供奉的都是舍利，或佛的遺物或阿羅漢的遺物。塔傳入中國後，就改變了形像，一般都建成八角形。後來塔甚至成了風景區裡的建設或鎮壓風水的建設，這樣一來，連塔的意義也改變了。

見佛塔時，當願眾生：尊重如塔，受天人供。

塔是受人尊敬的，因為塔裡供養著舍利。所以見到塔時，當願一切眾生，都像塔一樣地受到天人的恭敬供養。這即表示已經具備了被恭敬的條件，有很好的修持，就像塔裡所供養的那些舍利，受人恭敬供養一樣。

敬心觀塔，當願眾生：諸天及人，所共瞻仰。

以恭敬的心情來觀塔時，也願所有的眾生能像塔一樣，受到天人的瞻仰。在瞻仰時一定也會有恭敬心在內，如果能得到天人的瞻仰，那實在是件偉大而了不起的事。有修行的人，眾生見了心裡都很歡喜，因此就會常想瞻仰。在瞻仰的時候，恭敬心就生起來了，內心就愈是歡喜。

佛陀和以前的高僧大德們，我們都失去了瞻仰的機會，但還可以瞻仰到佛像和高僧的相片，已是不幸中的大幸了。在瞻仰時，當願眾生都有這麼好的修持和莊嚴法相。

頂禮於塔，當願眾生：一切天人，無能見頂。

頂禮在佛教裡是一項很重要的儀式，用最尊貴的頭拜倒在地上，表示所禮的對象是多麼值得眾人的恭敬，他的人格是多麼崇高。塔裡供養佛或阿羅漢的舍利，這些都是值得吾人恭敬的對象，為了表達我們的恭敬，所以要頂禮。中國說頂禮是頭面接足禮，這種禮拜的態度，是一種消除我慢的方法。

一般人的我慢心都很高，慢心重者不容易頂禮別人的。但慢心不能折服，對修行是一種障礙，所以要把慢心降服，就是以頂禮這個方法了，如頂禮佛像、佛塔、出家人或經典。在頂禮塔時，當願眾生，一切天人都見不著其頂。在佛的相好裡有一種無見頂相，無論什麼人，甚至是天人到了天空上，都無法見到佛頂的。只有折服了我慢，才能感到無見頂相的好相。

右繞於塔，當願眾生：所行無逆，成一切智。

在佛殿裡行走，一定是向右繞的，橫衝直撞是不恭敬的，因為右繞才是順的方向，時鐘走的方向也是右繞的，順時鐘的方向是順轉，反時鐘的方向是逆轉。右繞即表示是順道而行的，逆道行就會離佛法愈遠。繞塔而行時，當願眾生，所行的都是隨順正道，沒有違逆正道的。因為違逆正道，即是行邪道，墮落的機會就大了。只有順道而行，才能成就一切智，也即是了脫生死。

佛教裡最重要的一個修持法門即是八正道，順著正道而行，一定能證得一切智，這樣了生死、斷煩惱就有一定的把握了。所以，願眾生都能了解這個道理，順道而行。

繞塔三匝，當願眾生：勤求佛道，心無懈歇。

佛世時，弟子們都是繞佛三匝以示恭敬的，繞塔也是一樣。以前印度的寺院，塔多數建在寺前，所以一進入寺院，首先是見塔，然後是觀塔、禮塔，最後向右繞塔三匝，才進入大殿。

當繞塔三匝時，即表示勤求佛道，有精進的意義在內。佛在世時，弟子們請佛說法，都先繞佛三匝，才跪下請佛說法，這是表示恭敬，也是表示勤求佛法之意。這時就願所有眾生，都能勤求佛道，而不是一般不正當的邪道；欲求佛道，心就不能懈怠。人都有惰性，勤求佛道，要除去這種懶惰性，精進地向佛道前行。這需要每天不斷地用功，不能停歇，工夫就會慢慢累積起來，一曝十寒的方法是不適合的。

讚佛功德，當願眾生：眾德悉具，稱歎無盡。

讚佛功德是很重要的一門，普賢十大願的第一願就是稱讚如來。對一個人表示讚歎，是這個人有值得讚歎的地方。在佛教裡，有功德智慧的人才值得讚歎、恭敬。站在讚歎者的立場來看，要有謙虛心才會真正地讚歎別人，自以為了不起的人，看任何人都是低劣的，更不用說會讚歎別人了，所以要學習讚歎。不過，讚佛與一般的稱讚是不一樣的，稱讚人是為了讓別人高興，而佛教所修的稱讚不是這樣的，不真實的稱讚是一種妄語或綺語，必須是真實的稱讚。佛的確有這樣的智慧功德，就如實地加以讚歎，沒有誇張或貶低。

佛的功德是很偉大的，如〈讚佛偈〉裡所稱讚的，都是符合事實的。如稱讚釋迦牟尼佛的偈所云：「天上天下無如佛，十方世界亦無比，世間所有我盡見，一切無有如佛者。」這是釋迦牟尼佛在修學期間見到一位佛，其佛相實在太莊嚴了，他單腳立了七天七夜，內心讚歎不已，即說了這一首偈頌，說在這世間上再也找不到一位可以與佛相比的人了，因為佛的功德已經圓滿無缺，這已經是把佛最崇高的一面表達出來。

念佛也是讚佛的一個方法，當讚佛時，願一切眾生都能得到所有的功德，這些功德都是讚歎無盡的。如普賢十願，願願都是虛空有盡、我願無窮的，讚佛功德也是以這樣的態度來讚歎，同時願一切眾生都能具足所有的功德，而得到眾生無盡的讚歎。

讚佛相好，當願眾生：成就佛身，證無相法。

佛有三十二相，還有八十種隨形好，前者是明顯的形相，後者是比較不明顯的。不論如何，在讚歎佛的相好時，就願所有眾生都能成就佛身，也即是願眾生都能得到如佛一樣的種種相好。眾生不但沒有如佛的相好，離佛果還遠得很，欲修成佛的相好，要下很大的工夫的。就以佛的廣長舌而言，眾生就因為離開不了妄語而不能證得這種相好，不要說是廣長舌，只要舌尖能碰到鼻尖，已經是三世不說妄語所聚集的功德了。

雖然如此，還是希望所有眾生都能成就，這是一種願力，是嚮往佛果的一種強大的願力。成就佛身時，就能證無相法，因為佛身實在是太莊嚴了，故又說是無相法。佛的應化身可以為人所見，而佛的法身是不可見又不可形容的，即使是佛的報身也不容易形容，都是凡夫的肉眼所不能見的，只有證到菩薩的境界時才有辦法見到。所以說，法身是無相的，有無量的相好，非語言、文字所能形容的。

以上是出家人每天應有的課誦，以下三願是洗足、寢寐安息時所發的願。

若洗足時，當願眾生：具神足力，所行無礙。

洗足時，願一切眾生都有神足力，即神足通，能通行無礙。佛世時，或其他佛國，神足通是一件很平常的事。佛陀在人間說法時，他方國土的菩薩們都飛行到人間來聽法。西方極樂世界的眾生，每日都到十方佛國去供養十方諸佛，回來時只是午餐的時間而已，這就是神足通的功效。有了神足通，所行就無障礙了。

眾生因為沒有神足通，受著空間的限制，所以空間有遠有近。沒有限制的神足是沒有遠近差別的，在一剎那間就能抵達想要去的地方，下一剎那可能又到了另一個地方了，這是很高深的工夫。不過，仍希望眾生都有證得神足的時候。

以時寢息，當願眾生：身得安隱，心無動亂。

在睡覺的時間到來時，就是應該寢息的時候了。如依佛所制定的時間表來做，會發現佛的時間不單是具有某種意義，同時對身體是有益處的。據中國的醫學指出，十點睡眠是最好的時間，超過十一點對身體的健康就不太好了。佛陀也是規定在中夜（十點至二點）時分休息的，除了表示所行是中道外，也是為了身體的健康著想。

在睡覺時，當然希望能睡得安穩，一般人睡眠都不得安穩，總是翻來覆去的。佛休息時，是用右側臥的姿勢，當他起來時，還是保持這個姿勢不變。至於右臥的姿勢，據現代醫學證明是最好的睡眠姿勢，因為不論是仰臥、俯臥或左側臥，對心臟都會產生壓力，只有右側臥是最能使心臟舒適的姿勢，而佛在兩千多年前已經知道了這麼一個好的睡眠方法了。右臥心臟不會受到壓力，不會作惡夢，呼吸氣管沒有障礙，這樣的睡眠就會很安隱，心就沒有動亂而平靜，甚至是一夜無夢。

睡眠始寤，當願眾生：一切智覺，周顧十方。

從睡眠中醒過來的那一刻，願所有的眾生都得到一切智的覺悟，不是迷糊地流轉生死。有了覺悟力，不單能了解三世，而且能夠了解十方，即是說，在時間上也無障礙，也能理解一切。如佛陀降生時，就曾周顧十方，然後說了「天上天下，唯我獨尊」這句豪語，即表示他將要證悟佛果，廣度十方的眾生，也可表示他的智慧是洞悉十方的。睡眠時如作小夢，醒來時就如已覺悟；眾生流轉生死中，等於做著一個大夢，是多麼希望能從大夢中醒過來。因此，在從小夢醒來時，就願眾生都能從大夢中醒過來。

以上的一百四十一願，是行菩薩道的眾生所應該發的願，同時每一願都與佛菩薩功德相應，幾乎每一願都是願眾生成就佛道或菩薩道，這種願即表示：若心胸太狹窄，學佛是不易成功的。

雖然現在我們還不是菩薩，還未真正實行菩薩道，也沒有辦法行菩薩道，但還是要學習發這些願，讓心與佛菩薩的大願相應，有這麼一個願心，才會與佛道相應，這是很重要的。如果學佛不能與佛道相應，反而是相逆的話，學了也不會有成就的，這些願就有如此的重要性，故稱為淨行——是清淨的願力，清淨的修行。

佛子！若諸菩薩如是用心，則獲一切勝妙功德。一切世間諸天、魔、梵、沙門、婆羅門、乾闥婆、阿修羅等，及以一切聲聞、緣覺，所不能動。

講完了所有的願後，文殊菩薩又對智首菩薩的問題做個總結：要得到佛的一百一十種殊勝功德，就要先發願，從日常生活裡去發願，依著每日可能會發生的每一件事，依其性質發願。假如能如此專注用心，還不是真正去實行，就能得到前面所說的一百一十種勝妙功德。在得到這一切功德時，已經是在實行菩薩道了，這時一切的諸天、魔王、梵王、沙門、婆羅門、乾闥婆、阿修羅等一切眾生及聲聞、緣覺的聖者，都不能動搖其心。

因為如此地用心，內心的善根功德就具備，外在的環境就不能動搖他了；如果受到外境的動搖，這是因為智慧功德都不足夠。有了這種種智慧功德，沒有這些智慧功德的人及一切世間法都不能再動搖或影響他了，因為這時他已經具足一切智，已有力量了脫生死了；若更進一步具足大悲心，發種種的願，聲聞、緣覺也不能動搖他。

這裡說的動搖，一是說不再受其惑動、影響，一是說不再希求這一類的法，如內心已經證得諸法，就不會再向心外求法了，這樣一來，就不會被外在的一切所惑動。如果有智慧，就不會希求人天的果報，因為人天果報還是有漏的，只有了生死的法門才是究竟的。而有了大悲心、菩提心，就不會再希求二乘法，因為二乘法還未圓滿，只有證悟佛果才是最圓滿的。

因此，證得勝妙功德時，不但不為世法所動，甚至出世也不能動搖其心。假如不發這些願，所修行的法門就很容易掉入二乘法，只為自己求解脫，不理會眾生之苦，這是不夠圓融的。所以要發大悲心，並時時不捨眾生。

國家圖書館出版品預行編目資料

生活中的菩提：淨行品講錄 ／ 釋繼程著.
-- 初版 . -- 臺北市 ：法鼓文化, 2009. 10
面 ； 公分. -- （智慧人；12）

ISBN 978-957-598-481-6（平裝）

1. 華嚴部

221.22 98014624

智慧人 12

生活中的菩提
——淨行品講錄

法鼓文化

著者／釋繼程
出版／法鼓文化
總監／釋果賢
總編輯／陳重光
責任編輯／李書儀
封面設計／兩隻老虎廣告設計有限公司
內頁美編／連紫吟、曹任華
地址／臺北市北投區公館路186號5樓
電話／（02）2893-4646 傳真／（02）2896-0731
網址／http://www.ddc.com.tw
E-mail／market@ddc.com.tw
讀者服務／（02）2896-1600
初版一刷／2009年10月
初版五刷／2022年 9 月
建議售價／280元
郵撥帳號／50013371
戶名／財團法人法鼓山文教基金會－法鼓文化
北美經銷處／紐約東初禪寺
Chan Meditation Center（New York, USA）
Tel／（718）592-6593 E-mail／chancenter@gmail.com